多维度视域下乡村治理实践探索

韩潇霏　任新悦　宁文英◎著

吉林出版集团股份有限公司
全国百佳图书出版单位

图书在版编目（CIP）数据

多维度视域下乡村治理实践探索 / 韩潇霏，任新悦，宁文英著 . -- 长春 : 吉林出版集团股份有限公司，2022.9

ISBN 978-7-5731-2538-5

Ⅰ . ①多… Ⅱ . ①韩… ②任… ③宁… Ⅲ . ①农村－群众自治－研究－中国 Ⅳ . ① D638

中国版本图书馆 CIP 数据核字 (2022) 第 181750 号

多维度视域下乡村治理实践探索

DUOWEIDU SHIYUXIA XIANGCUN ZHILI SHIJIAN TANSUO

著　　者　韩潇霏　任新悦　宁文英
责任编辑　李婷婷
封面设计　李　伟
开　　本　710mm × 1000mm　1/16
字　　数　188 千
印　　张　10.5
版　　次　2023 年 3 月第 1 版
印　　次　2023 年 3 月第 1 次印刷
印　　刷　天津和萱印刷有限公司

出　　版　吉林出版集团股份有限公司
发　　行　吉林出版集团股份有限公司
地　　址　吉林省长春市福祉大路 5788 号
邮　　编　130000
电　　话　0431-81629968
邮　　箱　11915286@qq.com
书　　号　ISBN 978-7-5731-2538-5
定　　价　63.00 元

作者简介

韩潇霏　女，1989 年 9 月出生，海南省文昌市人，毕业于华中师范大学，硕士研究生，现在三亚学院任讲师，中级社工师。研究方向：乡村治理与发展，乡村社会工作，青少年社会工作，司法矫正社会工作。主持并完成海南省哲学社会科学基地课题项目 1 项，主持并完成海南省民政厅政策理论研究课题 1 项。发表论文十余篇。

任新悦　女，1989 年 8 月出生，山西太原人，毕业于华中师范大学，硕士研究生，现任三亚理工学院校办副主任，中级社会工作师。研究方向：乡村治理与发展，乡村社会工作，青少年社会工作。作为主要参与人完成海南省哲学社会科学课题项目 3 项、海南省教学成果奖二等奖 1 项，发表论文十余篇。

宁文英　女，1995 年 6 月出生，海南省三亚市人，毕业于马来西亚林肯大学，硕士研究生，现任琼海市源野社会工作服务社理事长。研究方向：乡村治理与发展，家庭社会工作，青少年社会工作，司法矫正社会工作。主持并完成海南省民政厅政策理论研究课题 1 项。

前 言

建设美丽乡村是时代发展的要求。我国乡村治理工作经过数千年的不断变革与完善，经历了由国家主导到士绅主导再到今天群众自治的过程。随着我国乡村经济的快速发展和民主制度的深化完善，现行的乡村治理机制也必将进行深刻的改革。基层政府要在村民自治充分实现的基础上统筹领导，解决好资金、项目建设和内部管理等相关问题；基层群众也要充分理解和行使自身的权利；村党支部、村委会要借鉴成功的管理经验，及时发现、切实解决乡村治理工作中出现的问题，为乡村振兴战略的推进和深化提供有力的保障。应该说，有效的治理为乡村产业发展、环境保护、乡风文明和共同富裕的生活提供了坚强的保障。因此，乡村治理工作应该成为乡村振兴的重中之重，应该成为广大学者研究的重点所在。探讨乡村治理具有十分积极的意义，为此，本书从多个角度出发，对于“乡村治理”进行了详细的论述。

本书共分为五章。第一章的内容是乡村治理概述，主要从三个方面展开了论述，即乡村治理的背景、乡村治理的现状、乡村治理的历史，以此帮助广大读者能够对乡村治理有一个较为全面的认识。第二章的内容是乡村治理的理论层面研究，主要从乡村治理的理论指导、乡村治理的经验分析、乡村治理的主要目标、乡村治理的主要内容四个方面出发展开了具体的论述。第三章对乡村治理现代化的基本思路进行了分析，主要从乡村治理的主要方向、乡村治理的主要方法、乡村治理的评价指标三个方面展开了具体的分析。第四章的内容是乡村治理现代化的实践分析，主要从乡村治理的实践路径、乡村治理的案例分析两个角度进行了较为具体的论述，带领读者更加深入地理解乡村治理的途径。第五章的主要内容是关于乡村治理的深入思考，主要对脱贫攻坚与乡村振兴的内容进行了分析，同时对乡村治理的发展与创新进行了思考。

在撰写本书的过程中，笔者得到了许多专家学者的帮助和指导，参考了大量的学术文献，在此表示真诚的感谢。本书内容系统全面，论述条理清晰、深入浅出，但由于作者水平有限，书中难免会有疏漏之处，希望广大同行及时指正。

作者

2021 年 10 月

目录

第一章　乡村治理概述

本章的内容是乡村治理概述，主要从三个方面展开了论述，即乡村治理的背景、乡村治理的现状、乡村治理的历史，以帮助广大读者能够对乡村治理有一个较为全面的认识。

第一节　乡村治理的背景

一、新时代的乡村治理背景

20 世纪 80 年代，我国乡村进入了转型时期，这种转型表现为从计划经济到市场经济、从封闭的乡村进入开放的乡村，传统的乡村社会秩序和治理手段受到前所未有的挑战。中共十八大以来，我国的发展进入新时代，我国乡村进入了转型的关键期，乡村的变化正在从渐进的转型进入快速的转折，城乡关系、乡村结构和国家在乡村中的作用发生了根本性的变化，乡村振兴在推动乡村快速发展中对乡村治理提出了新的要求。

（一）乡村从封闭走向开放

长期以来，乡土性构成了乡村社会的典型特征。乡土中国的核心特征是成员低流动和乡村的相对封闭。流动是相对于个人而言的，农业活动要求乡村人口长期停留在一个地方，不管是空间的流动还是社会的流动都比较弱，稳定的人口形成相对稳定的社会结构和社会秩序。事实上，直到 20 世纪 80 年代，村民才获得了流动的自由，随着工业化和城镇化而逐渐扩大流动的规模和范围，并且随着人口流动而出现乡村人口老龄化和村屯空心化现象。相对封闭是在乡村层面上发生的。一方面，乡村内部构成了熟人社会，成员之间相互协作，建立了密切的关系，构成了村落共同体；另一方面，乡村与外界的往来较少，市场或国家对乡村的干预也比较少，乡村按照其内在的秩序运行。

乡村的开放首先表现为人口流动的增加，特别是向城市的流动。按照第七次全国人口普查的数据，全国人口中，居住在城镇的人口为 901 991 162 人，占总人口的 63.89 %；居住在乡村的人口为 509 787 562 人，占总人口的 36.11 %。与第六次全国人口普查相比，城镇人口增加 236 415 856 人，乡村人口减少 164 361 984 人，尽管拥有城镇户口的城市居民只占人口的 45.4 %，但是将近 64 % 的人口已经居住在城市，他们的生产和生活空间已经不在乡村。从这个意义上说，那些生活在城镇但没有城镇户籍的人口也已经不是乡村居民。与人口城镇化同时发生的是村民收入的变化，在城镇化过程中，农业在国民经济中占比下降，2019 年，在国内生产总值中，来自第一产业的只占 7.1 %。显然，农业已经不能为乡村居民提供足够收入，非农业收入已经成为村民生活的主要收入来源。2019 年，农村居民人均可支配收入突破 1.6 万元，其中人均工资性收入突破 0.65 万元，超过了村民家庭经营性收入，这表明农业生产在村民的收入中所占份额已经远远低于非农业，来自乡村之外的收入远远高于来自乡村本身的收入。更重要的变化是，在 1.6 万元的收入中，有超过 1.5 万元的收入是现金收入，这表明村民不仅务工的收入是现金，而且农业的收入也大部分是现金，村民的生产生活已经与市场紧密地联系在一起。

乡村改革以来，作为特殊群体的农民工在城乡交流中发挥着重要作用。农民工既非农民，也非市民，而是由农村为城市非农产业发展提供的低成本劳动力。他们在城市就业并获得收入，但是仍生活在农村。农村较低的生活成本使他们能够在城市从事收入较低的体力劳动，并通过汇款的方式支持家庭在农村的生活。不管是东部相对发达地区的农民，还是中西部欠发达地区的农民，都将外出务工作为主要的收入来源。区别在于：东部地区农民在省内务工的比例比较高，因为省内提供了比较充分的就业机会；而中西部地区跨省打工的农民比较多，他们只有到沿海地区和大中城市才能得到比较多的就业机会。

城市化和大量的农民工外出务工造成了农村村屯空心化和人口老龄化，出现了农业生产女性化和留守儿童等诸多问题，由于青壮年大量外出，具有生产生活功能的农村出现程度不同的衰败。如果按照 2019 年 53.3 万个村委会、农村居民 5 亿多人计算，则每个村的人口不足 1 000 人，而中西部欠发达地区的农村居民则更少。在笔者调查的一些典型村庄中，农村常住人口不到户籍人口的 10 %，而且留下的大多是老年人。年轻人在外出务工时，一般会把孩子带在身边，便出现了老人到城市里帮忙照顾孩子的情况，只剩下年龄更大的老年人留在村庄。据中国老龄科研中心的数据显示，在农村 60 岁至 64 岁的老年人中，有 62.7 % 的人从事农业生产；在 65 岁至 69 岁的老年人中，有 47.6 % 的人从事农业生产；即使是在 70 岁以上的农村老年人中，也还有 29.2 % 从事农业生产。农业劳动力老龄化的原因在于农村的年轻人越来越少，农村老年“空巢”和“类空巢”家庭占农村全部老年人家庭的比例也有所增加。

越来越多的人口流动、越来越密切的农民与市场的联系，以及乡村空心化，使乡村从封闭走向开放，这对乡村治理提出了新的要求。

（二）新的村企关系的变化

村企关系是指村庄与企业相互作用、相互影响的关系。从既有的研究来看，针对村企关系，学术界提出了村企一体模式、村企互动模式、村企合一模式、村企共生模式、村企共建模式等。林俊德[①]认为“村企一体化”是当前农村社区的一种治理模式，通过村企一体化主导并支配村级社区公共权力运作，能够有效推动社区经济社会快速发展。村企一体化实质上是一种能人主导型治理模式。褚瑞云、赵海军[②]提出了“村企互动”模式，村企互动可以促进科学文化知识、市场竞争意识、民主管理理念等方面的相互交融，实现“以企带村、以村促企、村企共赢”的目标。杨旭、李竣[③]则从农村产权视角对“村企合一”模式进行了评价，认为村庄与企业间特殊的关系，可能会成为未来集体产权制度改革的最大阻力。但是，他们也指出，资本下乡的各种政策优惠同样会激发企业的参与热情。王铁梅[④]通过实证分析，在其博士学位论文中指出，村企共生是企业再造村庄的内在机理，企业单向度的村庄再造缺乏可持续性。罗兰、乔圣茹、王东阳[⑤]则从七个方面指出，“村企共建”模式成为带动村民脱贫致富的重要引擎，是美丽乡村建设的重要推动力。也有学者对村企关系结构进行了研究。例如，郑风田、阮荣平、程郁[⑥]的研究表明，在正式制度作用下，村企关系中企业的主导作用日趋凸显；而在非正式制度下，村企关系的演变并非按照线性模式进化，而是呈现出多样化。江群慧、王爱民[⑦]则指出，随着经济社会发展，村企结构问

① 林俊德 . 村企一体化：当前农村社区的一种治理模式——厦门市马塘村干部与企业管理者复合关系的研究报告 [J]. 民营经济与中小企业管理 (人大复印),2001,(第 8 期).

② 褚瑞云 , 赵海军 . 实施“村企互动”战略推进社会主义新农村建设 [J]. 农业经济研究 (人大复印),2006,(第 7 期).

③ 杨旭 , 李竣 .“村企合一”: 农村集体经济组织形式能否存续 [J]. 改革 ,2013(12):103-112.

④ 王铁梅 . 企业主导下的村庄再造 [D]. 山西大学 ,2017.

⑤ 罗兰 , 乔圣茹 , 王东阳 .“村企共建”与精准扶贫 [J]. 中国行政管理 ,2017,(第 7 期)：156，158.

⑥ 郑风田 , 阮荣平 , 程郁 . 村企关系的演变 : 从“村庄型公司”到“公司型村庄”[J]. 社会学研究 ,2012,(第 1 期)：52-77，243-244.

⑦ 江群慧 , 王爱民 . 村企社会关系结构变迁研究 [J]. 人民论坛 ,2010,(第 20 期)：230-231.

题越来越突出，并认为企业与乡村的结构性变化必然带来乡村社会关系的结构性质变。

（三）乡村关系的改变

由于乡村的相对封闭，乡村社会往往呈现熟人社会的特点，即每一位村民都了解其他村民，对其他村民的行为产生影响。但是，熟人社会的乡村正逐渐让位于由陌生人组成的社会团体。随着乡村合并、重组，原有维系村民的关系已经逐渐衰弱，熟人社会的互惠关系、村规民约和地方规范在维持村庄日常关系和生活秩序等方面的作用在减弱。

村庄的人口流动无疑是熟人社会瓦解的重要原因。熟人社会是建立在个体在共同空间中长期生活所形成的稳定关系这一基础上的。但是，现在的大多数村民在村庄中居住的时间很少，他们分布在全国各地，彼此之间缺乏必要的联系，也缺少共同的利益，因此很难形成紧密的经济关系或稳定的社会关系。事实上，从乡村改革以来，乡村的社会关系就在发生变化，近年来这种变化的速度在加快。

村庄的合并、搬迁和城镇化是熟人社会瓦解的另一个原因。村庄是在长期的历史过程中形成的。在过去的数十年中，村庄的空间格局发生了很大的变化。20世纪90年代，在停止征收农业税费以后，为了减少村干部的数量，节省村庄的行政费用支出，许多地方都进行了村庄合并，将两个或更多的村庄合并在一起，村民委员会的数量已经从20世纪80年代末的近90万个下降到2019年的53万个。村庄的合并打破了原有的经过多年自然发展所形成的村落格局，生活在一个村庄中的村民不再是相互熟悉、被乡村传统所联系起来的熟人，而是来自不同的村庄，有着不同的利益。20世纪90年代以后，村庄的空间分布发生了很大变化，越来越多的村民搬离了他们祖祖辈辈居住的村庄，其中有一部分是由于政府所实施的工程。中国基础设施建设在过去几十年中快速发展，交通、水利、工业开发、生态建设项目都会带来村民的重新安置，有些村民甚至被跨省安置。仅在“十三五”期间，通过扶贫项目支持，就有大量村民离开了边远贫困山区，进入新的村民点开始了新的生活。除了这些工程和政策导致的村民异地安置，一些地区积极推进村民集中居住、集体上楼，以节约乡村建设用地。这种重新安置不仅改变了村民的生活习惯，而且在很大程度上改变了村民的日常交往模式。

熟人社会的瓦解的另一个原因是各种新的社会力量进入乡村并在乡村形成新

的关系，如资本下乡所带来的人际关系变化。近年来，农业企业逐渐进入乡村，通过土地流转，实现专业化和规模化的农业生产经营。尽管企业作为外来力量很难深入乡村的社会关系，但是企业凭借经济优势流转农民的土地，开发当地资源，雇佣当地劳动力，且在乡村开展了一些慈善福利活动，对村庄产生了深刻的影响。此外，国家的行政权力对乡村的日常事务的影响也越来越大。通过提供公共产品，制定乡村规则，以及干部、技术人员和大学生村官下乡，国家成为乡村治理中最重要的一支力量。在传统社会，国家所能提供的公共产品有限，乡村的公共产品往往要依靠乡村自己解决，包括修桥补路、教育、卫生、养老、救灾等。现在，这些功能逐渐由国家承担，政府成为公共服务的主要提供者。随着国家在乡村投入的增加，国家逐渐成为乡村规则的制定者，特别是与村民日常生活密切相关的社会保障、扶贫和产业支持资金，都需要按照国家统一制定的规则使用。

在政府、市场双重推动下，乡村正在发生变化。但是，由于各地背景不同，乡村社会变迁的机制和路径也不同，于是产生了村庄差别，乡村面貌呈现出多样性。中共中央、国务院印发的《乡村振兴战略规划（2018—2022 年）》中，提出了分类推进乡村发展，并区别了 4 种不同类型的村庄，即集聚提升类村庄、城郊融合类村庄、特色保护类村庄和搬迁撤并类村庄。事实上，村庄的种类比这更多。不同的村庄面对着不同的社会治理需求。如果说过去的乡村在区位、文化、人口和产业方面都存在差异，大多数乡村是基于农耕文化的，那么近 40 年来的乡村发展已经超越了传统的农耕文明，乡村的多样性远远超出了农耕文化，是在现代文明背景下产生的多样性。

（四）国家与乡村的关系发生变化

20 世纪 80 年代以来，随着中国经济体制改革与市场化的兴起，社会充斥着对国家权力撤出乡村的呼吁。为适应经济体制改革，国家顺势推行基层群众自治制度，通过撤社改乡的方式将国家权力收至乡镇一级政权；乡以下农村地区实行基层民主自治，由此形成“乡政村治”的乡村治理格局。进入 21 世纪之后，从全面取消农业税减轻农民负担，到新农村建设，再到新时代的乡村振兴战略，党和国家的战略中心逐步向乡土社会转移。

在此过程中，国家权力逐渐实现向乡土社会“回归”，并开始通过项目制、专项财政转移支付等方式对乡村进行重新整合。

此外，国家从税赋的汲取者变成公共服务的提供者。自古以来，乡村要承担国家的税赋，国家依赖乡村提供的税赋维持政权的运转。在中华人民共和国成立以后，国家通过剪刀差的方式，从农村获得大量资金和粮食以支持国家的工业化建设。在农村改革以后，特别是在20世纪90年代税费改革以后，基层政府的运转主要依靠向农民征收的税费，征收税费一度成为乡镇政府的主要工作。进入21世纪以后，国家增加对农业农村的投入。停止征收农业税标志着国家政策从汲取乡村资源到工业反哺农业、城市反哺农村的政策转型。随着国家在农业农村投入的不断增加，特别是精准脱贫攻坚任务的完成，国家的农村公共服务提供者的角色得以确立。国家承担农村基础设施建设和民生保障的职责。在这种背景下，国家力量不再是乡村的外生力量或外部力量，而成为乡村社会生活的一个有机组成部分，对乡村治理具有重要影响。

随着国家与乡村关系和国家在乡村治理中角色的变化，国家在乡村治理中的机制发生了根本性的变化，其中最重要的变化就是精准治理，即让国家投入的资源准确地服务于所设定的目标群体，强调政策的有效性。国家在提供公共服务的过程中要精准到个人，不会让低保的资源覆盖非低保群体，脱贫攻坚要求精准到贫困户和贫困人口。国家不再通过村级组织分配公共服务资源，而是基于国家统一的政策，将公共服务资源直接落实到户到人。如果说过去国家对乡村的治理是以村为最基本的治理单位，那么现在更多是以户和人为基本的治理单元。国家与乡村社会关系的变化使得国家越来越直接介入乡村治理，成为支撑乡村社会发展的力量。

如今，实施乡村振兴战略、完善基层治理体系和治理能力现代化是党和国家极为关注的问题。党的十九大报告提出，实施乡村振兴战略，健全自治、法治与德治相结合的乡村治理体系是解决新时代我国社会主要矛盾的必然要求，明确阐述了“乡村振兴、治理有效是基础和根基”的政治逻辑。

2020年，《中共中央、国务院关于抓好“三农”领域重点工作确保如期实现全面小康的意见》把乡村治理摆在重要位置，提出扎实开展自治、法治与德治相结合的乡村治理体系建设试点示范，推广乡村治理创新性典型案例经验。在2021年《中共中央 国务院关于全面推进乡村振兴加快农业农村现代化的意见》中，中央把乡村建设摆在社会主义现代化建设的重要位置，明确表示要坚持把解决好“三农”问题作为全党工作的重中之重，提出要加强社会主义精神文明建设，创新乡村治理方式，提高乡村善治水平。

2021年2月25日，“国家乡村振兴局”挂牌亮相，备受关注。这体现了我国

"三农"工作重心的历史性转移，乡村振兴开始有了专门机构来主抓，也体现了当前阶段我国对乡村治理的重视和对全面推进乡村振兴的信心和决心。

（五）乡村振兴发展的需要

有效治理是乡村振兴的重要内容，也是乡村振兴的重要保障。随着乡村的改革与发展，乡村的社会经济结构发生了重大变化，特别是乡村人口迁移、多种社会力量进入乡村以及乡村的多样性和复杂性，都需要新的乡村治理机制。乡村振兴的总要求之一是治理有效，有效的乡村治理需要建立现代化的治理机制。乡村治理现代化需要政府将公共服务作为乡村治理的目标，这就要求行政下沉基层，实现政府与村民的密切互动，建立以效果为导向的乡村治理机制。中国乡村治理现代化不仅要为乡村振兴提供保障，而且要为国家的长治久安奠定基础。在乡村振兴中，乡村治理要强化党在基层的领导，提升乡村的组织化水平，增强乡村基层组织的治理能力，并适应乡村的变化，建立多样性的乡村治理机制①。

二、新时代乡村治理的政策引领

乡村治理问题一直受到党和政府的高度关注。2005 年召开的中国共产党第十六届中央委员会第五次全体会议提出建设社会主义新农村任务，明确提出"要按照生产发展、生活宽裕、乡风文明、村容整洁、管理民主的要求，扎实稳步地加以推进"。2006 年，《中共中央 国务院关于推进社会主义新农村建设的若干意见》进一步明确了加强农村民主政治建设，完善建设社会主义新农村的乡村治理机制的三项任务，即不断增强农村基层党组织的战斗力、凝聚力和创造力，切实维护村民的民主权利，培育农村新型社会化服务组织。

中共中央、国务院印发的《乡村振兴战略规划（2018—2022 年）》对乡村治理体系做出了具体的部署，要求加强农村基层党组织对乡村振兴的全面领导，促进自治、法治与德治有机结合，夯实基层政权。

从管理民主到治理有效，进而提出组织振兴，乡村治理现代化的目标、机制和实现路径日趋明确。2019 年，中共中央办公厅、国务院办公厅印发《关于加强和改进乡村治理的指导意见》，从 17 个方面论述了乡村治理的任务。之后，中共中央、国务院发布《关于加强基层治理体系和治理能力现代化建设的意见》，对包括乡村在内的基层治理提出了新的要求，加强基层政府的治理能力和健全基层群众自治制度被放到同等重要的位置，在强化法治建设的同时强化了乡村基层德治建设。

新时代的乡村治理面临着新的形势和新的任务，中国乡村发展处于转折时期，未来要实现乡村全面振兴、提升农业农村现代化水平，乡村治理的现代化是关键。

第二节　乡村治理的现状

一、乡村生态环境治理中的问题

（一）农村生活、生产污染严重

1. 生活垃圾污染

相关部门虽然给每个村庄都设置了固定的垃圾收集点，还会放置一定数量的垃圾桶，并配备专门人员运输垃圾，但垃圾处理方式仍是采用传统的垃圾填埋和焚烧，缺乏专门的垃圾分类、回收和利用的相关设施。更有村民为省时省力，将日常生活垃圾随意丢弃在河道旁或者路边，造成河水二次污染与河道堵塞，并给大气、土壤带来严重危害。

2. 工业垃圾污染

因乡村振兴战略的实施和城镇化的推进，农村经济得到快速发展，特别是乡镇企业发展趋势向好，人们的生活水平不断提高，很多人对建工厂、办企业趋之若鹜。但是，工业生产会产生工业污染问题。第一，乡村企业技术水平低，缺乏专业技术人员，也缺少足够的资金去处理工业生产所产生的废弃物，因此会对周边土地和水体造成污染，还会对人们的身体健康产生负面作用。第二，很多乡村企业的经营者过于注重眼前利益，而对工业生产造成的污染问题不够重视。

3. 农业生产污染

农业种植是大部分村民的主要经济来源，农业种植面积也较大。对于乡村环境来说，农业生产所造成的污染具有非常重要的影响。在农业生产活动中，一些村民为提高农作物产量和品质、减少病虫害的发生，会使用农药、化肥和地膜等严重危害生态环境的农用品。虽然这在一定程度上可以提高农作物的产量，但其产生的白色垃圾、土地酸化、水体富营养化会严重破坏大气、河流和土壤环境。此外，焚烧秸秆、乱砍滥伐的行为更是屡禁不止，严重的还会引发和加深水土流失，造成土地沙漠化。

4. 家禽养殖和水产养殖污染

2019 年以来，部分地区推出多个乡村养殖补贴项目，吸引许多未经专门培训的家庭直接着手开展养殖业，引发家禽养殖和水产养殖污染环境的问题。虽然政府和有关部门明令禁止随意排放污染物，要求养殖户对污染物进行妥善处理，但一部分大规模养殖场的工作人员缺乏环保意识，在现实利益驱使下，直接向河道排放粪便。养殖场违规排放的粪便经过发酵后，会产生有害气体，空气污染问题随之而来，严重阻碍了美丽乡村的建设进程。

（二）政府管理和监督机制不健全

部分地方政府在环境治理过程中调节不够积极、控制不够严谨、力度不够强硬、政策不够完善，如个别地方的领导干部急功近利、追求短期经济效益，对容易做的和见效快的治理项目全面地推进，而对于难度大和见效慢的工程始终是“蜻蜓点水”，做表面功夫。另外，有关部门没有贯彻执行环境保护有关标准和技术规范，对于乡村内污染物、污染源的监督管理工作不到位，在调查处理乡村内环境污染纠纷、重大环境污染事件和生态破坏事件时办事效率不高。

（三）农村环境保护法律法规执行不力

国家制定了一系列控制农村环境污染风险的规章制度，关于环境保护的法律法规一直受到政府和相关部门的高度重视，并不断得到发展和完善。尽管这些法律法规为农村社会提供了明确的行为规范，但由于一些村干部、农民群众、生产经营者缺乏环境保护的法律意识，存在侥幸、懈怠心理，影响了环境保护法律法规的实施效果。少部分农村地处偏远山区，环境执法部门对其实行监管具有一定难度。部分农村地区甚至以缺少资金、治理难度大为由逃脱法律的制裁。

二、乡村基础设施的不足

有一些人认为，我国的基础设施已经相当发达，如果继续增加传统基建就会导致重复投资。这种观点没有正确反映我国基础设施建设的实际情况。20 世纪 80 年代，我国的经济发展一直受到基础设施落后的“瓶颈”的制约。20 世纪 90 年代，我国的基础设施建设发生了巨大的变化，投资大幅度持续增长，交通、能源、通信和城市基础设施建设增速很快。但是，我国的传统基础设施的建设还有很大的发展空间，应该根据城乡及不同区域的基础设施完善程度，更加积极地整体推进基础设施建设，特别是应当加强农村传统基础设施建设的改造和升级。

笔者在考察农村的实际情况后发现，我国农村基础设施的确存在较大缺口。我国是一个具有明显二元经济结构的经济体，农村与城镇基础设施建设长期存在较大差距。这是导致我国城乡差别过大的重要原因之一，也是严重阻碍我国新农村发展的重要因素。仅以目前农村地区的水、电、气、路及各种物流设施等传统基础设施建设为例，这些基础设施建设都急需大量资金，以全面提高综合水平。国家规划多次强调，要加强交通、水利等重大工程建设，特别要继续把公共基础设施建设的重点放在农村，完善农村水、电、路、气、通信、广播电视、物流等基础设施，提升农房建设质量，因地制宜推进农村改厕、生活垃圾处理和污水治理，实施河湖水系综合整治，改善农村人居环境。可以说，这些属于传统基建范畴的投资依然存在较大缺口，国家对农村传统基础设施的常规建设不可能导致重复投资。

（一）农村地区基础设施投资与发展

我国农村基础设施大多属于传统基础设施建设，是为农村各项基础事业发展及村民生活改善提供各种公共设施的总称，涉及农村经济发展、结构改进、城镇化进程和生活水平提高等方方面面。近年来，我国一直致力于构建以城带乡、以城促乡、城乡互动的城乡一体化发展格局，致力于缩小城乡差距、改善村民生活条件。其中，加强和完善农村地区基础设施建设，是我国现阶段实现乡村振兴和乡村现代化建设的必要条件，也是各级政府的长期努力方向。国家近年来强调加快补齐农村基础设施短板，促进城乡基础设施互通互联，在公布并推行的《乡村振兴战略规划（2018—2022 年）》中，强调要从改善农村交通物流设施条件、加强农村水利基础设施网络建设、构建农村现代能源体系、夯实乡村信息化基础等几个方面，全面加强农村基础设施建设。从农村基础设施投资情况来看，前些年用于建设的财政支出保持逐步增长态势，但近年来已有小幅波动，尤其是 2014 年以后波动呈下降趋势，即农村基础设施投资逐年增加但后劲儿严重不足。

通过对农村基础设施各构成部分的变动做进一步考察，可以更清楚地看到，总的状况的确有较大改进，但各部分情况不同，趋势也有差别。

首先，农田水利设施已有改善，但抵御自然灾害的能力仍需加强。国家继续加大农田水利建设，农田水利条件显著改善。《中国农村统计年鉴》数据显示，我国对于农村水利基础设施的投资状况呈现上升趋势。近二十年来，乡村办水电站个数从 29 962 个上升到 45 445 个，约增长到原来的 1.5 倍；2018 年农田灌溉面积增加至 6 827.16 万公顷，比 2000 年增长 25.6 %，年均增长 1.35 %。但是，农村地区每年还是会发生洪灾、涝灾、旱灾等现象，受灾面积和损失程度没有明显下降，尤其是除涝面积实际上是稳中有升的。

其次，农村交通、通信基础设施有所发展，但与城市地区相比仍存在较大差距。第三次全国农业普查结果显示，2016 年末，全国通公路的村庄占总数的 99.3 %，相关基础设施建设发展虽快，但仍有部分村庄未实现通路目标，与城镇地区四通八达的交通体系相比差距较大。此外，农村地区“渡改桥”、便民码头等条件也有待提升，物流基础设施建设有待完善。2019 年底，基本实现了乡村电视网络全覆盖和农村广播电视户户通；2020 年底，农村宽带接入用户达到了 1.42 亿户，行政村通网络光纤和 4G 网络的比例皆超过了 98 %。2021 年 6 月，我国农村网民规模达 2.97 亿，占网民整体的 29.4 %；城镇网民规模达 7.14 亿，占网民整体的 70.6 %。这些数据直观显示了我国城乡间交通、通信基础设施的明显差距。

最后，农村电力能源供应量逐年上升，电力设施逐年改善，但仍不能满足农村用电需求。随着农村经济的日益发展，农村电力需求与日俱增，用电量与用电负荷的矛盾日益加剧。从 2000 年到 2019 年，我国农村用电量从 2 421.3 亿千瓦时提高到 9 482.9 亿千瓦时，增长了 2.92 倍。我国发电量增长放缓是不容忽视的问题，发电量的增长远低于需电量的提升。特别是在每年的夏季和春节等高峰期，电力需求急剧上升，极易导致配电容量超载。

（二）农村“新基建”的不足

1.“新基建”的概念与内容

（1）“新基建”的概念

所谓“新基建”，指的是以新发展理念为引领，以技术创新为驱动，以信息网络为基础，面向高质量发展需要，提供融合创新、数字转型和智能升级等服务的基础设施体系。

（2）“新基建”的内容

“新基建”主要涉及的范围包含了以下三个方面：

第一，信息基础设施建设，指的是建立在新一代信息技术基础之上的全新升级演化的新基础设施，如 5G、物联网和工业互联网等通信网络基础设施，同时包括了人工智能、区块链和云计算等新型技术型基础设施，还包括了数据中心和智能计算中心等具有先进算力的基础设施等。

第二，融合基础设施，通常指的是深度应用互联网、人工智能和大数据等先进技术，为传统基础设施建设实现转型升级提供支撑，逐步发展形成的新型融合基础设施。

第三，创新基础设施，通常指的是支撑科学研究、产品研制和技术开发等有着典型公益属性类的基础设施，主要体现在产业技术创新基础设施、重大科技基础设施，以及科教类基础设施上。

2. 农村地区“新基建”相对滞后

（1）资金投入不足

在乡村振兴背景下，虽然乡村地区各级政府每年都将投入很多资金用于农村新基建，校舍重建及道路村村通、屯屯通等大小工程持续开展，目前的基础设施有了巨大的改善。然而，饮水健康、农田灌溉和乡村道路等一直困扰着广大村民生活以及对农业发展造成极大制约的问题依然没有得到有效解决。再加上受到国家二元经济结构体制方面的影响，我国之前一直实施的都是“以农补工”的政策，导致很多地方政府将大部分精力都放在了发展城市上，乡村振兴政策制定滞后。而且，在农村新基建上一直存在资金投入严重不足的问题，这也导致我国城乡发展差距越来越大，对于促进乡村振兴战略发展造成了极大的制约。

（2）重建设、轻维护问题突出

部分农村地区的村民反映，现在的道路存在多年耗损失修的现象，道路积水十分严重，已经对正常通行造成了阻碍。另外，垃圾箱形同虚设，存在建设之后缺乏有效管理的问题，农村地区依然存在严重的乱扔垃圾的现象。特别是污水处理设施，先前耗费了大量的资金用于建设，但是建设后很多设备就不再运营，周边荒草丛生。另外，在国家大量投入资金用于乡村振兴的过程中，地方政府将很多资金用于建设乡村厕所，然而现实中却因为种种原因导致这些厕所并未起到实际作用，也没有发挥出其保护环境的功能，甚至厕所周边变得更加脏乱。以上种种，都是乡村振兴“新基建”建设中存在的突出问题。

（三）农村基础设施建设中仍然存在的四大主要问题

近些年，国家加大了发展投资，但我国部分农村地区基础设施仍然存在很大发展空间，依旧不能够满足社会主义新农村的建设要求，整体建设依然不够成熟；尤其相对于城镇而言，农村基础设施仍然较为匮乏，制约了农村经济社会的整体发展。概括而言，主要存在以下四个方面的问题：

1. 农村水利基础设施发展仍然有很大提升潜力

我国农村饮水环境虽有大幅度的改善，但集中供水量依旧有限，自来水普及率相对较低。2019 年，我国还有约 10 % 的农户所饮用的是不受保护的井水和泉水、江河湖泊水或雨水，与城市地区相比较，饮水安全远不能得到保障。农村改厕多数只集中在旅游区，农户使用冲厕多为手动或形式上的，大多地区距离真正使用自来水冲厕的目标还很远。全国农村每年产生大量的生活污水，但是还有很多村庄没有排水渠道和污水处理系统，生活污水随意排放。截至 2019 年，仍约有 1/4 的村庄生活污水未得到处理，12 % 的行政村生活垃圾没有得到集中回收和处置，拥有卫生厕所的农户比例低于一半。未经处理的生活污水仍在肆意排放，严重污染了农村的生态环境，直接威胁了人们的身体健康和农村的经济发展。农村农田灌溉仍存在较大的缺口，以地表水作为主要灌溉水源的村户数占总村户数的 62.7 %，以地下水作为灌溉水源的村户数占总村户数的 28.3 %，全国还有 9 % 的村户无灌溉水源，缺水严重。部分农田灌溉设施简陋，年久失修，部分水库不能发挥防洪、供水等功能，防御水旱灾害能力较低。水利管理人员专业素养有待提高，管理水平参差不齐。可见，农村地区的水利基础设施还是有很大提升空间，这也是农村地区存在的一个不易解决的问题。

2. 农村交通基础设施投入仍不足

农村道路建设质量还需提高，覆盖范围有待扩大。相较于城市地区，农村公路总里程、质量和养护方面都还具有较大的发展空间，尚无法满足农村地区的经济发展需求。有些乡村地区道路仍旧崎岖难行，难以实现各地区之间互通，严重限制了农村地区物流、邮政等行业的发展，而且面临着投资大、建设难的问题。国家邮政局数据显示，2016 年，仍然有 74.9 % 的建制村没有电商配送点。近些年，“淘宝村”项目取得了不错的成绩，但其主要活跃在交通较为便利的地区，如浙江、广东、福建、河北和江苏五省的淘宝村数量就占全国总数的 90 % 以上。这充分说明，农村经济发展与交通基础设施发展息息相关，也足见地区差距之大，即加大农村交通基础设施投资的空间仍然巨大。另外，我国近些年高速发展的城际高速铁路和城际轨道交通也主要建设在人口密集的城市圈或城市带，以城际运输为主，服务于城市群间的流动人群，特别适用于大中城市。而农村地区由于公路网络还不够通达，且路况条件尚不完善，而无法与“高铁”配套衔接，可见“高铁”的发展还需要很长的时间才能够普遍惠及广大农村地区的居民。

3. 农村电力设备仍不足且用电成本高

我国的发电量虽然在不断增加，但是，随着农民生活水平的提高，农村用电需求量的增速远大于发电量增速，导致农村电力供应压力增大，且居民用电费用上升。截至 2019 年末，全国共有乡村办水电站 45 445 个，乡村办水电装机容量 8 144.2 万千瓦，占全国水电总装机容量的 22.8 %，仅占全国电力总装机容量的 4.25 %。按照城乡居住人口的比例测算，农村电力设施及供电量严重短缺，无论电力装机容量还是发电量均低于全国总量的 5 %，远不能满足农村地区的用电需求。电力设备陈旧也是农村电网存在的较为严重的问题，大部分电压器件老化严重，高能耗、低性能。农村电力安全管理仍存在盲区，部分电线杆柱破损严重，在影响输电效率的同时也存在安全隐患。所以，电力能源基础设施的增加、改造、提升都存在很大空间。近些年，国家倡导发展的“特高压”建设的确能够优化能源布局、提升能源利用效率，也有利于区域经济协调发展，实现节能减排。如果能够实现城乡统筹平衡发展，提升我国电网的输送能力，就能够给农村居民的生活带来切实的利益，为农业发展打下坚实的基础。但是，特高压建设的资金规模太大、配套要求过高，目前只适合于大规模用电的城镇地区，农村地区可能还需要等候很多年。

4. 信息通信基础设施普及率远低于城镇地区，城乡间存在“数字鸿沟”

国家互联网信息中心的统计显示，2018 年我国数字经济规模已达 31 万亿元，占国内生产总值的 34.8 %，而同期全国农村数字经济占农村增加值的比重仅为 7.3 %；2018 年、2019 年我国工业互联网产业经济增加值分别为 1.42 万亿元、2.13 万亿元，分别占当年国内生产总值的 1.5 %、2.2 %，其中几乎全部集中在城镇，农村占比极低。截至 2020 年 3 月，我国平均互联网普及率为 64.5 %，城镇地区互联网普及率为 76.5 %，虽然农村地区互联网普及率已提高到 46.2 %，但比全国平均水平仍低 18.3 个百分点，比城镇地区低 30.3 个百分点，农村地区互联网的普及还有很大缺口。农村常住人口占全国常住人口的 39.4 %，户籍人口占全国常住人口的 55.6 %，而农村网民和网购用户规模分别占全国常住人口的 28.2 % 和 24.1 %，非网民规模则占全国常住人口的 59.8 %，这是严重失衡的比例关系。农村网民上网设备主要依靠手机，第三次全国农业普查数据显示，农民使用手机接入互联网的人数占全国网民人数的 47.8 %，而全国网民使用手机接入互联网的比重高达 98.3 %。可见，在信息通信基础设施方面存在的问题，可能与传统基建与新基建的投资建设不足都有关系，新旧基建的投资潜力都是巨大的。

以上存在的问题充分说明，我国现阶段农村基础设施的建设仍然不完善，具有巨大的改进空间。事实上，与城市基础设施建设相比，农村居民的实际需求远未得到满足，农村基础设施的供给量需要大幅增加，可持续性发展需要持续关注。

三、公共服务的不足

（一）养老服务方面的问题

1. 顶层服务体系不够健全

在当前我国农村养老保险制度的推行过程中，绝大部分地区没有设立专门的基金监督机构。而且，由于我国农村养老保险制度由各地方政府自主依据当地实际情况进行推广、实施和管理，缺乏统一性。

2. 资金供给能力有待提升

（1）资金配置合理性偏弱

地区间资金配置不均衡。现阶段，我国各省市间农村养老保险的财政补贴配置仍存在不均衡现象，无法形成良性发展的农村居民养老环境。据《中国统计年鉴》数据显示，2020 年东部地区的山东省获得中央财政的补贴额度高达 30.66 亿元，而西部地区的青海省所获中央财政补贴额度仅为 0.67 亿元，人均获得补贴金额仅为山东省的三分之一左右。

（2）资金筹集渠道有限

2010 年，《中华人民共和国社会保险法》颁布，其中针对农村居民养老保险资金筹集作出了部分规定。除此之外，当前我国没有针对农村养老保险资金筹集做出其他安排，导致保险资金筹集只能依赖于政府补贴与个人缴费两种形式。通过相关文献调研发现，在所有筹集资金中，个人缴费资金占总基金的 68 %，政府补贴仅占 23 %。个人资金筹集一般根据 100 ~ 2000 元 12 个档次进行自愿缴费，有一定随意性和多变性；政府补贴尽管具有较强的宏观支持作用，但占比相对偏低。

3. 智能化技术应用不佳

（1）智能化缴费方式无法适应“老龄化”

面对智能化养老保险应用软件，农村老年人存在“不会用”和“不敢用”两方面问题。一是农村居民使用智能化养老费用缴纳软件的能力有所欠缺。虽然国务院办公厅印发的《关于切实解决老年人运用智能技术困难实施方案的通知》正式实施后，各地方政府积极响应号召，大力采取措施提升老年人对于智能化软件的应用能力。但这种帮扶仅限于城镇地区普适性应用，在农村地区仍面临无人帮扶、帮扶成本较高等窘境。

（2）智能化认证方式无法实现“老龄化”

我国大多城乡地区均开始采取手机应用程序人脸认证方式，核查享受城乡居民养老保险待遇人员的认证资料。但是，受农村地区信息滞后，以及老年人对智能化技术应用水平较低的影响，农村居民养老保险存在乡、村两级重复认证及老年人认证不及时的问题。一是认证不及时。部分农村老年人由于在外务工、智力残疾等原因，对于人脸认证政策并不知晓，无法及时进行认证，导致其养老金被停发。二是重复认证。由于缺乏农村地区实时数据，乡、村两级社保机构无法深入系统查看辖区认证人员名单及相关信息，导致社保机构只能依据县里发送的认证名单开展认证工作。

4. 村民参保积极性有待提升

（1）村民思想观念存在局限性

第一，传统的“养儿防老”观念较为强烈。大多数村民均认为应将养老负担交付给下一代。这种观念为家庭增添了负担，加之农村养老保险制度需要提前交付保险金，参保村民需要达到固定年龄才可以享受福利待遇。这使得部分村民认为依赖子女养老相对更可靠，在某种程度上并不认可农村养老保险制度。

第二，传统储蓄观念根深蒂固。我国居民具有非常浓重的储蓄观念，人们普遍认为将收入存入银行更加安全可靠。大多农村地区的老年人认为，只有将钱“握在”手里才能更好地保障未来生活。一直以来，村民群体生活大多存在较大的地域局限性，大多数村民难以突破固有的储蓄观念，导致村民参保意识低。

（2）村民缴费能力有限

当前，我国大多在农村地区务农的村民的年均收入普遍较低，在外务工的村民的收入则存在不稳定性。在双重因素影响下，大部分村民在农村养老保险方面的持续缴费能力较弱，直接导致农村养老保险制度在施行过程中时常出现参保人保费“断缴”现象。另外，通过调研农村养老保险制度实际运行过程中的缴费状况可知，多数参保人会因经济水平有限而选择最低缴费标准投保。

（二）乡村公共体育服务不足

1. 乡村公共体育服务缺乏全面统筹

第一，缺乏对各个乡村情况的准确定位，乡村公共体育服务的区域协调性并不理想。乡村公共体育服务的着力点存在区别对待的情况，将重点放在地理位置优越、生态环境良好且适合开发的行政村，区域资源配合不够合理。

第二，缺乏对乡村居民体育锻炼需求的考虑。为快速推进乡村公共体育服务的落实，基础体育锻炼设施的布置并未考虑居民的实际需求，而是以辐射面广、显眼的地带为主要布置场地，并非村民经常聚集的场所，体育设施的使用率较低。

2. 乡村公共体育服务供给主体单一

从乡村公共体育服务的供给主体调查结果来看，目前政府公共部门是乡村公共体育服务建设的供给主体，由其主导开展乡村公共体育服务设施的建设。这就导致虽然乡村公共体育服务建设在逐步推进，但是有“一刀切”的情况，器材设施缺乏个性，不同乡村的公共体育器材设施同质化问题较为严重。规定投放点的不确定和器材项目的不明确，导致乡村公共体育服务的供给与乡村居民的需求之间缺乏同向性，严重影响了体育锻炼效果。除此之外，大部分乡村地区在公共体育服务的建设方面缺少自治组织参与公共体育服务供给。以城市的公共体育服务建设为例，除了政府部门作为主要供给主体之外，体育类社会组织及团体、基金会等第三方部门也应融入其中，目的是强化和提升服务质量，为保证公共体育服务的全面发展提供必要条件和基础支持。显然，乡村地区的公共体育服务在供给主体方面相对单一，不利于公共体育服务的长远发展。

3. 对公共利益的追求还比较缺乏

弱势群体受关注程度不高，个别人的基本利益得不到保障。弱势群体指的是乡村的儿童、妇女、老年人和残疾人群体，基础服务设施缺乏多元性，导致有些弱势群体被排除在乡村公共体育服务范围之外，与乡村公共体育服务的本质相悖。

4. 乡村公共体育服务人员不足

乡村公共体育服务的建设离不开优质人才的支持，但受限于农村经济环境和待遇方面的影响，大部分乡村公共体育服务人员的流动性较大，人才队伍建设面临困难。在推进乡村公共体育服务的建设进程中，大部分乡村公共体育服务指导员由村干部担任，这一群体的综合素质参差不齐，对科学的体育锻炼方法掌握不够充分，导致体育锻炼始终无法呈现出规模化的发展特征。此外，人才待遇始终无法得到提升，无法吸引具备较强专项素养的体育人才参与到乡村公共体育服务的建设中，人才队伍建设严重滞后。

（三）医疗卫生服务不足

1. 资金投入力度不够

几十年的城乡二元经济结构导致我国城乡经济不均衡发展，二者之间的医疗服务资源有较大差距。目前，农村公共医疗服务的建设需要各级政府持续投入大量资金。而且，随着现代化农村的推进，农村医疗服务的高效供给也需要结合“互联网＋”等技术。

2. 缺少人才资源

随着近些年城乡经济差距加大、各城市加强人才引进等新政策出现，农村人才外流趋势愈演愈烈。农村地区晋升机制不完善、周边设施不完备等现状，也导致城市医疗人才难以在农村扎根。同时，缺乏合理的派遣机制，派遣城市医疗人才前往农村地区容易造成人才专业不对口、破坏原有医疗体系等次生问题，对建立农村医疗人才培养和派遣机制形成反作用力。

3. 信息表达机制不足

由于我国人口基数较大，主动进行基层需求调研较为困难。目前主要通过基层组织和基层政府被动收集整理需求表达信息，导致对表达渠道缺少维护和有效利用，而建立新型信息化的表达机制可以参考借鉴的案例较少，缺少相应的政策指导帮助。对于建立新型信息化表达机制，部分村民认为学习成本较高且无法通过其获得直观收益，因而对其持抵触态度。

第三节　乡村治理的历史

乡村振兴战略实施以来，乡村已逐渐成为国家经济发展的重心，而要推动乡村经济实现可持续发展，就必须建成与社会经济环境相适应的乡村治理体系。乡村振兴战略的“二十字”方针提出了“治理有效”的要求。“治理有效”是乡村振兴的社会基础，也是国家治理体系和治理能力现代化的必然要求。乡村治理是政府部门和村党支部、村委会对乡村村落布局、公共服务、基础设施建设、生态环境保护等领域进行的资源整合和综合管理，目的是促进当地经济发展，改善生态环境，提高广大农村居民的物质生活水平和精神文明水平。我国乡村治理由来已久，最终形成今天的基层群众自治制度与各级政府间接管理相结合的综合管理体系。在乡村经济的逐步振兴中，这一管理体系将迎来更大的考验。本书介绍了我国乡村治理从古至今的发展历程，以及当下乡村治理中出现的实际问题，探讨一些解决问题的措施。

一、古代中国的乡村治理体系

（一）相关研究概况

近年来，在“国家治理”的学术话语模式下，关于中国古代乡村治理的研究日渐成为一大学术热点。对于乡村治理这一早已固化的历史叙事模式，如何别开生面、另辟新域而展开创新性学术研究，学者仁者见仁，高论纷呈。

（二）各朝变迁

先秦时代，乡村治理工作一般由国家主导。西周实行国野分治的乡遂制，乡是王公贵族、手工业者和商人（国人）的生活区域；遂则是普通农民（野人）生产生活的耕地和居所，乡、遂下设置多级单位，由天子或诸侯分配官员管理。乡遂制下的社会组织具备监控舆情、进行军事操练和教化民众的职能。春秋战国时期，社会动荡，乡遂制为适应时代需求出现了一些变化。一些诸侯国在辖区内设县，县下设置乡、里作为国家的基层行政组织，任命官员管理。但这时的乡里制度还没有在全国范围内普及，而且带有浓厚的军事组织色彩。

秦帝国统一后推行郡县制，在县下设乡、亭、里等行政单位，乡中设置三老、有秩、啬夫、游徼四个官职，四职各有分工，三老负责民众教化，有秩掌管地方行政，啬夫听取诉讼、征纳赋税，游徼维护地方治安、缉捕盗贼。到汉代，进一步丰富了里以下的结构，建立起什伍制度；乡原有的官职不变，但除了有秩是郡里委任的官员外，其余官职都是各乡推举，由县授权同意。经此变革后，这些官员既没有行政权，也不再享有俸禄。负责乡村事务的主要管理者逐渐脱离官员体系，朝廷直接控制乡村的模式发生动摇，本地宗族、士绅获得了一些管理权。

到隋唐时代，乡的权力逐渐弱化，里的职能得到完善，出现了皇权不下县的显著特点。在隋文帝时期，在乡以下设置保、里、族等行政单位，负责所在辖区内的人口核查、征收赋税和徭役等工作。唐朝由里正负责乡村的具体工作，乡的功能进一步简化，管理者多由没有实权的员外担任。到了宋初，里正、户长等完全脱离官员体制，更类似于官府的服役人员，帮助官府征收赋税、维持社会稳定，对于日常事务则不受过多干预。王安石变法推行的募役制度和保甲制度，又将这些基层管理人员的职役属性强化。到了明朝中后期，内忧外患愈演愈烈，朝廷在实行里甲制度的同时建立保甲组织，力求稳定濒临混乱的社会秩序。清朝将明朝的乡里制度进一步完善，将保甲制度与里甲制度相结合，仍由保甲维护治安，由里甲负责日常管理等工作。至此，古代乡村治理体系最终完成，基层管理者几乎完全脱离官员队伍，只是接受官府的监督和领导，宗族领袖、士绅成为乡村治理工作的实际执行者，在朝廷的间接控制下实现乡村社会自治。

（三）古代乡村治理特点

我国乡村治理历史悠久、特色突出。乡村治理体系的每次调整都伴随着当时社会、政治、经济环境的剧烈变革。例如，奴隶制下的西周实行土地国有制（井田制），全国土地被层层分封。奴隶主贵族阶层作为分封土地的所有者，对乡、遂设置各级官员进行管理，可以有效控制封地内的百姓。经历了春秋战国的战乱和破坏，原有的社会体制和经济体制被彻底摧毁，封建制度和封建土地私有制确立起来，新兴地主阶级崛起并不断为自身谋求政治利益，秦汉时期推行乡里制，部分下放给乡村的控制权就是在一定程度上满足地主阶级的诉求。唐初实行的租庸调制到唐朝中后期没落，被唐德宗颁布的两税法取代。两税法规定不再区分本地户籍和外来流民，只要在当地有土地即可上税。赋税由战国以来的以人头税为主转变为以土地税为主，朝廷对土地私有的干预大为减少，在一定程度上放宽了对农民的人身控制。赋税制度的调整使得政府对乡村的管制进一步放开，原先由官府和士绅共同控制的乡里制度开始向带有职役制色彩的方向转化。

乡村官职的设置由朝廷规定，行使的权力由朝廷赋予，乡村始终处于朝廷的管制之中。随着权力在乡村社会下放，乡村管理者逐渐由内部的能力出众者、经济优越者、德高望重者以及各宗族的领袖担任，其虽不由朝廷直接任命，但手中的权力却来源于朝廷的认可，具有浓厚的官方色彩。

此外，乡村社会管理制度的变化体现了国家权力与乡村宗族、士绅追求的自治权之间的博弈和妥协。

国家对乡村社会的控制由直接委派官员，到利用宗族、士绅在乡村中的地位，赋予其职权，最终实现对乡村的政治掌控、经济管理和文化引导。在这种管理体制下，国家完成了对乡村的有效控制（也是间接的控制），同时使乡村社会获得了一些自治权。

（四）研究古代中国乡村治理的意义[①]

古代中国是乡村的中国，了解并深入研究乡村，对于研究中国历史具有重要价值。治理乡村与维持乡村社会秩序稳定，是历代朝廷官府关心的首要大事。一方面，国家要通过正式的管控体系，对乡村形成有效管理并最大限度获取赋役收入；另一方面，朝廷如果要把管理深入乡村，还会多管齐下，不会仅仅局限于正式管控体系这一种途径。分析研究国家管理深入乡村社会的多种途径，理解历史上的国家与乡村社会关系，探讨古代中国乡村社会秩序的形成方式，对于理解乡村治理模式的演变，实现乡村振兴具有重要参考价值，是古代史研究者需要特别关注的重要问题。

二、现代中国乡村治理存在的问题

加强农村基层基础工作，健全自治、法治、德治相结合的乡村治理体系，是实施乡村振兴战略的重要内容。但是，我国在乡村治理方面，还是存在一定漏洞和缺陷的，如何正确处理这些问题，将成为实现乡村振兴的必要条件。

基层政府在乡村治理方面投入的资金也十分有限，内部缺乏专业技术人才，容易造成乡村的基础设施、工程项目、环境保护和公共服务等环节缺少统筹安排和科学规划，达不到既定的效果。

乡村治理是一项十分繁杂的系统工程，涉及村落布局、公共服务、基础设施建设、生态环境保护等诸多方面，需要上级政府的科学指导和基层“两委”间的默契配合，从而保证工作的顺利开展。但在实际工作中，有时会出现各单位工作权限划分不清的现象，一项工作可能由多个部门同时负责，而有的工作却出现“三不管”的情况，这就容易导致各部门相互推诿扯皮，严重影响工作进度和质量。虽然一些地区认识到了这些问题，建立起明确的权力清单和责任清单，但是由于这些清单的适用范围较小、执行力度不够，还是没有完全解决工作效率低下的问题。

有些县、乡（镇）政府作为乡村治理的领导部门还不能充分发挥市场的作用和优势，经常缺乏资金，村一级单位也很难充分地利用上级调拨的资金，在乡村文化、宣传教育、法律普及等软实力方面投入不足。资金是乡村治理工作顺利进行的重要支撑，以现在的状况来看，许多基层单位筹措资金的能力有限，主要依靠上级政府的拨款和项目资金，尚未充分吸收社会上的流动资金，在市场经济环

---

① 耿元骊《古代中国乡村秩序与社会治理专题研究》

境下市场的活力和优势没有被调动起来。如果单纯依靠政府拨款，则乡村治理工作很难得到充足的资金投入，容易造成进度缓慢、效率不高的现象。很多单位其实也认识到了这一问题，但因为担心市场化运作的方式需要承担一定的风险望而却步，这就需要正确认识、积极融入市场经济体制，采用多种方式争取资金支持，建立容错机制，为乡村创建宽松、合理的经济环境和政治环境。

第二章　乡村治理的理论层面研究

本章的内容是乡村治理的理论层面研究，主要从乡村治理的理论指导、乡村治理的经验分析、乡村治理的主要目标、乡村治理的主要内容四个方面出发展开了具体的论述。

第一节　乡村治理的理论指导

一、马克思、恩格斯关于乡村建设的重要论述

马克思、恩格斯充分肯定了农业的基础地位，指出最初的劳动是以占有和生产粮食为目的的。粮食生产是物质生产生活中最基础的一环，要想满足人们的衣食住行基本需求要抓农业生产，发展农业是工业起步的前提条件，农业生产在国民经济中居于基础性地位。马克思、恩格斯相当重视生态环境，指出要在尊重自然规律的基础上发展农业，走生态农业发展之路。马克思、恩格斯还高瞻远瞩地看到了小农经济的局限性，指明了引导农民参加以规模化经营为代表的社会化生产是增加农民收入和实现农业现代化的根本途径。马克思、恩格斯考察了农村发展现状后，从城乡关系的角度阐明了消除城乡差距要走城乡融合发展之路。马克思、恩格斯看到了农民的悲惨处境，认为要团结农民、慷慨地对待农民。

二、中国共产党乡村治理思想及其发展

乡村治理作为现代国家治理体系的重要组成部分，对于国家治理能力的完善具有重要的推动作用。党的十九届四中全会提出，要“坚持和完善中国特色社会

主义制度、推进国家治理体系和治理能力现代化的总体目标”。从党在建党百年来乡村治理思想的发展和演变历程中可以总结出其时代价值。中国共产党对乡村治理思想的不断发展和完善，是党基于中国社会治理实践经验的智慧结晶，是新时代构建和完善中国特色乡村治理体系的必然要求，是党对乡村振兴战略的丰富和发展。

2021 年，广大的农村地区已经全面脱贫，进入全面建成小康社会时期。如何促进广大农村地区在改革开放深度发展的今天不掉队，实现乡村振兴，这同样离不开中国共产党的乡村治理思想。我们应通过系统梳理中国共产党百年来的乡村治理思想，找出乡村发展的规律，为新时代促进乡村全面现代化建设作出新的战略规划，激发乡村新的活力。

我国社会的发展是建立在乡村发展水平之上的。在中华人民共和国成立初期，我国的绝大多数人都生活在乡村，乡村是国家生产和生活的重要部分，彼时的乡村为中国的城镇化和工业化提供了根本性保障。现在，我国的城镇化率已经超过了 60 %，这说明绝大多数人口都已经流动到城市。但是，乡村作为中国现代化发展的压舱石和稳定器仍然具有不可替代的作用，乡村依然是城市人、财、物的支撑。乡村的发展离不开乡村治理，乡村治理的效果离不开中国共产党的乡村治理思想。研究建党以来中国共产党的乡村治理思想，对于进一步推动新时代农业农村的发展、缩小城乡差距、为经济发展注入新的活力、实现全面现代化国家具有重要的意义和价值。

（一）中国共产党乡村治理思想概述

在过去的百年间，中国共产党牢牢抓住了土地这一关键因素，坚持用马克思主义思想武装头脑，指导实践、推动工作，坚持理论联系实际。土地政策实施过程中所表现出的实事求是、因地制宜，也在一定程度上标示了中国共产党乡村治理能力和治理思想的提升。纵观这一时期，土地政策是中国共产党乡村治理思想的核心内容，马克思主义思想是中国共产党的指导思想。

1. 核心思想

乡村问题归根到底就是农民问题，农民问题归根到底就是土地问题。

中国古代封建王朝的覆灭几乎都是由于土地问题所导致的阶级矛盾激化而造成的，农民和统治阶级处于对立状态。中国共产党自成立之初就紧紧抓住土地这一核心，提出关于乡村治理的宣言，并积极领导农民运动。在新民主主义时期，中国共产党积极推进土地改革，将土地所有权归还给农民，抛弃了两千年来的封建地主土地所有制，激发了乡村的生产力，极大地推动了抗日战争和解放战争的胜利。中华人民共和国成立伊始百废待兴。一方面，中国共产党继续深入彻底地开展土地改革运动，解决全中国的土地问题；另一方面，积极发展经济，使中国经济得到迅速恢复。1956 年的三大改造标志着我国社会主义改造基本完成，90 % 以上的农户参加了农业生产合作社。农业生产合作社的出现，将土地所有权收归集体所有，社会主义集体经济所有制出现。1958 年，农业合作化进入更高级阶段，人民公社出现。人民公社的出现，充分将农民和农村组织起来，将国家的行政权力和社会权力高度统一起来，使我国的乡村治理迈入新的阶段。1978 年，划时代意义的家庭联产承包责任制开始推行。家庭联产承包责任制将土地承包给了本村、组的农民，极大地解放了生产力，促进了农业的发展，也使我国的乡村治理迈向了更高的水平。

乡村的发展离不开农民的推动，土地产权的变更能够极大地刺激农民的积极性，中国共产党在乡村治理的道路上紧紧抓住土地这一关键性因素，也就是抓住了乡村发展的“牛鼻子”。

2. 核心要义

中国共产党乡村治理思想的核心要义在于以下几点：

第一，乡村治理能力提升的关键是农村基层党组织建设与家庭联产承包责任制两方面的改革。基层党组织在乡村治理中的最大价值就是充分尊重和保障农民的主体地位。

第二，党的十九大报告指出，要健全自治、法治、德治相结合的乡村治理体系。这是新时代中国共产党关于乡村治理的重要思想和创新变革。主要表现在以下三点：一是在乡村自治方面，坚持以自治为主；二是在乡村法治方面，坚持以法治为保障；三是在乡村德治方面，坚持以德治为支撑。法安天下，德润人心，法律作为一种刚性规范，在乡村这个“熟人社会”中必然有很多力所不及的地方。我国几千年的历史积淀了许多优秀传统文化，蕴含积极向善的道德体系，这些道德体系可以在无形之中滋润人的心灵、涵养人的精神。

第三，为应对社会形势的变化，满足人民日益多元化的利益诉求，党中央提出“加强社会治理制度建设，完善党委领导、政府负责、社会协同、公众参与、法治保障的社会治理体制”。

第四，通过对以往社会治理经验的总结和发展，党的十九大报告提出，要打造共建共治共享的社会治理格局，三者从治理主体、手段、目标三个维度构成新时代中国共产党乡村治理思想的内在逻辑和构成要素。

3. 理论指导

根据马克思主义的劳动价值论，正是劳动创造了价值，但是，由于资产阶级掌握着生产资料，对无产阶级的剩余劳动进行压榨和剥削，导致了底层无产阶级不仅需要通过劳动养活自己，还需要养活资本家，沉重的负担加重了无产阶级的生活压力，使其生活在水深火热之中。毛泽东同志深入考察了湖南地区农民运动，并结合马克思主义写出了《湖南农民运动考察报告》，在报告中首次提出我国民主革命的中心问题是农民问题。他结合中国实际，认为中国的革命早期应该以农村为中心，发动最广大的人民群众，走农村包围城市的道路。在中国共产党的领导下，全国大多数省份的农民运动相继开展。

作为马克思主义与中国具体实际相结合的重要结晶，轰轰烈烈的土地改革运动就此开展。一方面，土地改革运动的开展使中国共产党有了最广大的群众基础；另一方面，土地改革充分将马克思主义与中国农村具体实践相结合，走出了一条符合中国国情的新道路。土地改革运动的开展，从根本上改变了土地的所有权，土地所有权的变更决定了农村的社会形态。马克思主义劳动价值论作为无产阶级的理论，在制度和意识层面上推动了中国的土地运动发展，为中国取得新民主主义革命的胜利、为中国共产党客观认识和处理农村问题提供了重要的思想指导和理论参考。

（二）中国共产党乡村治理思想的时代价值与未来路向

中国共产党作为中国的执政党，作为中国特色社会主义社会的领导核心，自成立之初就以中国的统一和发展为目标。在乡村治理层面，中国共产党一直在积极推进乡村治理的发展和创新，乡村治理自始至终都是国家现代化治理的重要组成部分，是中国共产党第二个百年奋斗目标的重要组成部分。

1. 时代价值

研究中国共产党百年来的乡村治理思想，不仅对于巩固现有的脱贫攻坚成果有着重要意义，更对于实施新时代乡村振兴有着重要的借鉴作用。目前，我国已经进入全新的发展阶段，新的发展阶段带来了新的发展机遇，也带来了新的矛盾与冲突。为有效解决新时代下我国社会转型所带来的各种复杂矛盾和冲突，党的十九届四中全会审议通过了《中共中央关于坚持和完善中国特色社会主义制度、推进国家治理体系和治理能力现代化若干重大问题的决定》。2021 年 4 月 29 日，第十三届全国人民代表大会常务委员会审议通过了《中华人民共和国乡村振兴促进法》，表明乡村振兴战略成为未来党和国家发展的重要决策。乡村治理作为国家治理体系的重要组成部分，其发展、创新是完善中国特色社会主义建设与发展的必然要求，更是人民群众改善自身生活状况的殷切期盼。

2. 未来路向

如今的乡村殷实且富裕。中共中央关于打赢脱贫攻坚战的决定、稳步实施精准脱贫攻坚政策，包括“两不愁三保障”“新型农村合作医疗”等政策，已经惠及乡村的方方面面。但与此同时，越来越多的乡村出现了“空心化”“三留守”（留守儿童、留守妇女、留守老人）等问题，如何破解这些新时代的难题、打破乡村发展的瓶颈，需要中国共产党人坚持不懈的努力。

到 2050 年，中国要全面建成社会主义现代化强国。这个现代化，不仅是城市的现代化，更是乡村的现代化。未来，乡村作为城市和国家发展的基础性作用将更加显著，城乡融合速度加快，城乡一体化进程加快。中国共产党将在乡村经济发展的基础上，积极进行全民动员，坚持乡村文化、卫生、环境等全面发展，建设社会主义现代化美好乡村。

中国共产党自成立以来的乡村治理路径和乡村治理思想的发展逻辑表明，乡村治理是实现乡村和国家发展的重要组成部分，处在国家治理体系的重要位置。在乡村治理的过程中，既要遵循乡村发展的客观规律，又要不断坚持因地制宜，根据生产力的发展状况调整生产关系。乡村治理的内在要求就是要实现乡村的现代化发展目标。因此，下一个百年，中国的乡村治理更要坚持在中国共产党的领导下，走具有中国特色社会主义的乡村发展道路，坚持用制度引导和规范乡村治理，用法治思维推进乡村治理；坚持依法治村；坚持以习近平新时代中国特色社会主义思想为指导，遵循乡村发展内生规律；坚持村民自治，完善村民自治机制、提升村民法治意识、参政意识；要始终着眼于社会主义现代化及乡村发展现代化的目标，坚持社会主义现代化的思想理论和实践，促进乡村治理水平的发展，推动乡村治理思想的进步。

第二节　乡村治理的经验分析

一、我国乡村治理的经验总结

解决好乡村治理中存在的问题，对建设美好乡村、推动乡村振兴来说至关重要，这不仅需要结合实际分析问题，还有借鉴古代乡村治理经验的必要。

（一）适时调整和与时俱进

自古以来，乡村治理制度的调整都与当时的社会经济环境息息相关，因此需要积极调整乡村治理的手段和方法，使之与快速发展的乡村经济相适应。村党支部、村委会要重视起乡村治理工作，找对方法，抓准重心，不断改进工作方法、完善工作内容，以满足地区经济发展的需要，合理规划工程，加强民生建设，改善乡村面貌。在发展经济的同时，注重维护农村的生态环境，形成健康、绿色的发展模式。有条件的村落可以通过当地独特的自然环境和文化遗产，或是创新创意项目（如现代农业生态园、传统古村巷、壁画村等），开发乡村旅游资源，促进乡村发挥潜力。

（二）明确权责和统一领导

当前的乡村治理工作要在上级政府的统一领导下，明确划分各部门、各岗位的工作内容和权限。此外，要实现各地区、各部门之间的默契合作，这就要求相关人员具备全局观念，积极接纳上级的指导和建议，发挥自身的优势和长处，为乡村治理事务建言献策，杜绝推诿扯皮的现象；在完成本职工作的同时，树立大局意识，主动帮助、积极配合其他相关单位，带动乡村治理工作全面发展。

（三）重视教育与宣传引导

加强对村民的思想文化教育和普法教育，形成良好的乡村文化氛围，使村民更加理性地参与和解决乡村内部事务，维护乡村的正常秩序。浓郁的文化氛围有利于人才的培养，能够为乡村建设、可持续发展提供源源不断的精神力量。

（四）重视基层与获得民望

基层政府和村党支部、村委会更是要做到从群众中来到群众中去，积极从乡村内部选拔人才，同时号召从乡村走出去的人才回归参与家乡建设。基层干部在工作中要认清实际，扎根基层，赢得村民的支持和理解，引导村民主动参与乡村治理工作，为乡村发展建言献策，营造乡村开放、民主的氛围。

我国乡村治理工作经过数千年的不断变革与完善，经历了由国家主导到由士绅主导再到今天群众自治的过程。随着我国乡村经济的快速发展和民主制度的深化完善，现行的乡村治理机制也必将进行深刻的改革。基层政府要在农村居民自治充分实现的基础上统筹领导，解决好资金、项目建设和内部管理等相关问题；

基层群众要充分理解和行使自身的权利；村党支部、村委会要借鉴古代成功的管理经验，及时发现、切实解决乡村治理工作中出现的问题，为乡村振兴战略的推进和深化提供有力的保障。

二、发达国家乡村治理模式及经验

（一）法国的乡村治理

法国的乡村治理采取的是一种“权力让与”式的综合治理模式，市镇作为法国的基层政权组织形式，地方自治色彩浓厚。农村市镇在市镇总体规模中占有很大的比重，是乡村治理的重要主体，享有一定的自治权限。除此之外，法国政府积极培育农村基层经济合作组织之类的社会组织参与乡村治理。法国在农村积极推进“农业一体化”改革，加强农业与其他相关部门的联系，通过财政扶持、技术支持等方式促进农业的发展，对各部门的资源进行整合，协同推进农村发展。

（二）德国的乡村治理

德国循序渐进地对乡村进行更新，对乡村治理进行了顶层设计，并根据不断变化的情况调整了当前的法律法规以适应新的形势，在实现乡村有序发展的同时保证了乡村社会充满活力。

（三）美国的乡村治理

美国的乡村治理秉持着城乡协同发展、互惠共生的原则，通过大力建设小城镇，完善交通、医疗等基础设施，在带动乡村发展的同时缓解了大城市人口过多的压力，实现了人口分流，促进了城乡融合发展。

发达国家对乡村治理的关注较早，为我国推进乡村治理实践提供了借鉴。

第三节　乡村治理的主要目标

乡村治理面临着乡村治理现代化、为乡村振兴提供组织保障和为国家的长治久安奠定基础的重任。

一、实现乡村治理现代化

随着传统乡村的瓦解，原有的乡村治理手段已经不能适应当前的治理需求，要实现有效的乡村治理，就需要提升乡村治理的现代化水平。我国实现了全面建成小康社会的目标，正在迈向社会主义现代化强国，在这个进程中，乡村治理现代化水平要得到同步提升。乡村治理现代化需要设立新的治理目标、建立新的治理机制和达到更好的治理效果。

（一）现代化治理的目标是更好地提供公共服务

现代政府的首要任务是提供公共物品。现代化的乡村治理目标首先是要满足乡村群众需要，更好地为群众服务。此外，有效的治理要保障党和国家的决策在乡村得到贯彻实施。在国家现代化过程中，随着社会经济发展，人民群众会提出新的需求，需要得到政府的回应。比如，长期以来，农民的养老是家庭的责任，政府只是为少数没有子女的老年人提供补贴，但是在国家现代化过程中，养老成为政府的职责，养老的支出在政府预算中所占份额也在不断增大。在满足了温饱以后，农民对于经济发展、社会安全、文化生活、生态环境和基础设施都提出了更高的要求，这就要求乡村治理工作能够不断满足群众要求，增加群众经济收入，提高社会保障水平，创造更好的生活环境。

（二）现代化的乡村治理需要上下沟通的顺畅

要想让群众的需求顺畅地进入决策层，让政府决策在基层得到落实，就需要贴近群众，切实将治理重心下沉到乡村，特别是建制村或自然村一级。由于政府的行政资源不足，乡村的治理往往都依靠乡村自治，至少从制度安排看，政府行政体系只延伸到了乡镇。单纯对乡村自治的依赖带来了乡村治理的诸多问题，特别是一些地方强势力量对基层社会权力的垄断，造成乡村内部的社会不公和矛盾得不到有效解决。尽管各地都采取乡镇主要领导包村、包片和向乡村派驻干部的方式强化地方政府的影响，但是在不同地区产生的效果并不相同。近年来，许多地方采取了不同形式的村级干部行政化的管理方式，提高了村级干部的工资待遇，要求村级干部按固定时间上下班并公开招聘村干部，这些方式都使村级组织越来越带有行政色彩，使上级政府与村民之间的沟通更加顺畅，保证了高层决策得到落实。

（三）乡村治理现代化要提升治理水平、强化治理效果

乡村治理要形成明确的治理目标，解决实际问题；乡村治理的效果要有明确指标，让治理效果可以监测和评估。治理效果主要体现在群众满意度、可视性和简约性上。在传统体制下，基层治理的目标是维持基层社会稳定，保证基层可以为国家提供赋税。衡量基层治理成效的指标主要体现在基层组成能否顺利地完成国家的任务。在完成国家所赋予的任务以后，基层社会治理就会有很大的自由裁量的空间，不管是采取更加灵活的措施使社会成员享有更多的利益，还是基层权势阶层借机兴起，都是在这个空间内操作的。但是，在国家现代化过程中，政府的主要职责是提供公共服务，让群众满意就成为治理有效的重要衡量标准。让群众满意并非唯一的标准，因为治理的资源主要来自上级政府部门，为了便于上级政府部门评估治理成效，治理的成效必须有可视性，让群众满意也要成为量化的指标，通过观察可以看到、可以横向比较。可视性要求治理效果能够通过指标反映出来，并能够被观察到。可视性的目标还要便于上级政府对治理成效进行考核。近年来，为了考核的方便，大量的指标被简化，治理被简约化。成效的简约反过来推动了治理过程的标准化，不管是对于决策者还是受益者，乡村治理都日趋清晰、透明。

乡村治理现代化是乡村治理的全面转型，在治理目标、手段和效果上，与传统的乡村治理有着本质上的不同。乡村振兴是农业农村现代化的过程，需要相应的乡村治理现代化。

二、在乡村建立良好稳定的社会秩序

乡村治理的工作要以人为中心。做好我国乡村治理工作责任重大，它的紧迫任务是为乡村振兴提供重要保障，推动建设开放包容、管理有力、稳定发展、共建共享的幸福家园，最终目标是要在乡村建立良好稳定的社会秩序。随着我国的乡村治理进入历史新方位，加强和改进乡村治理工作要实行问题导向，在政策目标上提高认识、有所聚焦并逐步拓展，在政策措施上改革完善管理体制，加强党的领导和政府组织协调，贯彻落实党的群众路线，夯实政治建设，以法治立秩序、以自治增活力、以德治扬正气，实行政治、法治、自治与德治相结合，强化各项保障；在政策实践中，明确党政部门职责，激发乡村居民活力，促进社会协同参与，健全治理体系，整合治理资源，提高治理能力，有序有效解决乡村社会运行管理面临的重大问题和现实难题。

三、乡村治理是乡村振兴的保障

乡村振兴是新时代党在“三农”工作中的总抓手，乡村振兴要在产业振兴、乡村振兴、文化振兴、生态振兴、组织振兴五个方面实现，为完整这五个目标，乡村治理是核心也是基础，要为乡村振兴提供保障。

乡村振兴要解决两个突出的问题：一是长期以来乡村发展滞后于城市，城乡差距扩大的问题；二是在现代化过程中，乡村走向衰落的问题。在20世纪80年代农村改革以后，农业农村快速发展，农民收入增加。但是，在城市改革开始以后，城市进入了高速发展时期，农村却发展缓慢，城乡差距扩大，成为中国现代化的短板。没有农业农村的现代化就不可能有中国的全面现代化，乡村振兴要解决长期以来乡村发展滞后的问题，补齐中国现代化过程中最大的一块短板。因此，在乡村振兴中，要加快实现公共服务的均等化，促进乡村产业发展，增加农民收入，让乡村富起来。但是，我们也要看到，现在的城乡差别已经不同于以往，现在面临着现代化过程中所出现的乡村衰落的问题，乡村人口不会因为乡村的基础设施改善和城乡居民收入差距缩小而留在乡村，恰恰是在乡村的发展过程中出现了老龄化、空心化的问题。乡村振兴意味着要实现城乡的共同发展，而不是以乡村衰落为代价来发展城市，更不是简单地用机械替代人力，从而导致乡村人口大量流失。乡村要成为吸引人的地方，要实现城乡的双向流动，不仅乡村人口要进入城市，而且城市的资本、人才和技术也要回流乡村。乡村振兴不仅要发展生产，提高农民收入，也要有更好的环境，包括更好的自然环境和社会环境。乡村振兴对乡村治理提出了新的挑战，乡村治理关系到社会的治理，需要高度关注环境和资源的治理。

要实现乡村的有效治理，组织振兴是关键。在传统的农业社会，农民依靠组织来克服风险，实现社会互助，村庄组织、家族组织、行会等传统的社会组织在维持传统农业社会的稳定和发展中发挥了重要作用。但是，随着传统社会的解体，村庄由封闭走向开放，村民由定居走向流动，传统的农村社会组织的作用已经弱化，但新的组织机制尚未完善，一些地方出现治理人才匮乏和村民参与不足等问题。农民组织化程度较低导致乡村治理成本上升而治理效果不明显。推动乡村组织发展是实现乡村治理有效的关键，只有提升乡村的组织化水平，才能充分发挥基层党组织的领导作用，提升农民的主体地位，推动乡村自治更好地发挥作用。组织振兴是乡村振兴的重要保障，也是实现有效乡村治理的重要途径。

四、乡村治理要为国家的长治久安奠定基础

在中国的发展中，乡村是基础。只有乡村富裕和稳定，才能保障国家的长治久安。历史的经验一再表明，乡村安则国家安。乡村同时兼具三项重要的职能，即粮食安全的保障、生态安全的保障和社会稳定的保障，要保证这些职能的正常发挥，就要实现有效的乡村治理。乡村是中国的基层，也是中国的基础，农民的生产和生活与国家的粮食安全、生态安全和社会稳定息息相关。没有有效的乡村治理，就无法保障乡村的安全和稳定，国家的粮食安全和生态安全也会受到影响。新时代的乡村治理要成为国家安全的基石，成为社会稳定的保障。

第四节　乡村治理的主要内容

一、振兴乡村文化

作为乡村生活的重要组成部分，乡村文化是乡村治理取得成效的重要保证。乡村文化可分为两大部分，即公共文化服务和乡土文化。公共文化服务是指政府直接提供的公共文化服务，以满足农民的文化需求。乡土文化指的是村庄作为共同体所孕育的内生型文化样态。乡土文化作为一种区域社会的传统文化积淀，具有较强的地域特色。乡村文化外部和内部的双重逻辑皆根植于现代治理转型过程中。为实现乡村公共文化服务与乡土文化的共生互融，应建构以乡、村两级为主体的公共文化服务与乡土文化耦合路径，以“社区营造”、乡村文化管理和乡村治理转型等多方面的协同，推动乡村文化的全面振兴。

二、激活乡村经济

当前，我国经济社会发展进入了一个新的关键时期，乡村经济的滞后发展从一定程度上已经制约了城市经济的发展，也影响了整个国民经济的健康发展。因此，要加快发展乡村经济，就要抓住问题的症结和重点，激发乡村经济发展的新活力。乡村治理工作的内容之一就是打造充满活力的乡村经济。

三、乡村生态治理

良好的乡村生态环境是乡村全面振兴的重要建设内容和保障，也是推进乡村

治理体系和治理能力现代化的扎实基础。美丽乡村、美丽中国方案的提出使乡村生态环境得到较大改善，尤其是乡村振兴战略实施以来，我国乡村生态治理更是进入了一个前所未有的加速期。尽管乡村生态环境的治理正在有序推进，但乡村生态环境本身存在的复杂性与过去长期积累的生态环境问题依旧难以得到根本性解决。因此，生态治理是乡村治理工作中的重要内容之一。

第三章　乡村治理现代化的基本思路

本章对于乡村治理现代化的基本思路进行了分析，主要从乡村治理的主要方向、乡村治理的主要方法、乡村治理的评价指标三个方面展开了具体的分析。

第一节　乡村治理的主要方向

一、准确把握乡村治理的方向和重点

（一）坚持村民在乡村治理中的主体地位

村民是乡村的主人，也应当是治理的主体，乡村治理的核心就是要突出村民的参与。乡村治理最重要的是要尊重村民的主体地位，充分调动和发挥广大村民的积极性、主动性，组织和引导村民广泛参与，让村民自己“说事、议事、主事”。

（二）坚持顺应和把握乡村发展规律

我国乡村经过数千年的历史沉淀，有深厚的历史底蕴和文化传统，乡村治理要建立在这个基础上，不能以城市思维开展乡村治理。乡村治理要补齐的是乡村的治理短板，并不是要改变乡村的生活模式、传统习俗，乃至生存方式。

（三）坚持自治、法治、德治相结合

健全自治、法治、德治相结合的乡村治理体系是党中央根据我国乡村社会治理的基本制度安排和特点提出的。自治、法治、德治是一个整体。要以自治增活力，以法治强保障，以德治扬正气，增强乡村发展的软实力，也要积极探索“三治”结合的有效实现形式。在具体操作过程中，最重要的是综合运用自治、法治、德治等治理方式，发挥“乘数效应”。

（四）坚持丰富村民议事协商形式

村民议事协商是村民自治的基本形式，也是化解乡村社会矛盾、激发乡村发展内生活力的重要方式。面对乡村的现实情况，要探索创新民主协商的形式。一是要创新议事协商形式；二是要拓宽议事协商范围；三是要搭建多方主体参与的平台。现在乡村社会结构变化很大，中西部走出去的人多，东部外来人口多，新型农业经营主体、各类组织也发展很快，利益诉求、价值观念差异很大。需要为本地村民、外来居民、企业和社会组织等交流互动、议事协商、民主管理搭建平台。

（五）坚持创新现代乡村治理手段

如今已经是一个信息化的时代，在这样的时代下，乡村治理的手段、方式等都发生了很大的改变。为此，在乡村治理工作中，相关人员要懂得利用信息化的手段促使乡村治理的效率得到提升。

二、新时代乡村治理的创新方向

乡村治理创新是一个复杂的过程，实现创新首先需要把握正确、合理的创新方向，然后才能探寻出有效创新路径。沿着正确的创新方向和有效的路径，持续地推动创新实践，这样才有望实现创新的目标。

要想准确把握新时代乡村治理创新的大方向，需要从治理中的发展和秩序两个核心维度加以考量，同时需要结合新时代乡村社会的实际和变迁的大势，科学理性地判断和认识。当然，从一种分析维度所做出的判断和认识，并不是全面的，而是为更好地推进乡村治理创新实践提供一种认识视角，增加一定的知识储备。只有积累越来越多的治理创新研究，达到了创新需要的知识储备，才会有助于促成治理创新的实现。因此，对乡村治理创新方向的探究与判断，具有重要参考意义。

如果从新时代乡村发展的维度来看，乡村治理创新面临的中心目标和任务就是乡村振兴。在现代化、工业化、城镇化和全球化的大背景下，要实现乡村振兴的战略目标，“产业兴旺”是关键，也是基础，同时是难点和挑战。如何让乡村产业兴旺起来，这是乡村在新发展阶段需要解决的首要问题，也是乡村治理创新聚焦的中心。

新时代的乡村治理为达到有效促进产业兴旺效果，必须沿着正确的发展方向推进创新。从时代背景和发展大趋势来看，乡村的“产业兴旺”必须以融合发展为大方向。融合发展的大方向包含三个方面的意义：一是乡村第一产业、第二产业和第三产业的融合发展，即农业、加工业和服务业的融合发展；二是产业的城乡融合发展，也就是在城乡统筹、城乡融合的大框架下推动乡村产业发展；三是融合经济、社会和文化要素的发展，即在推进乡村产业新的发展过程中，需要把经济的、社会的和文化的要素融合起来。

在传统的乡村社会，农业是主导产业。进入新发展阶段，农业在乡村经济中虽然仍居基础性地位，但振兴乡村产业显然不能完全依赖农业。发展现代农业、走中国特色农业现代化道路，以及促进农业高质量发展固然重要，然而发展现代农业或推动农业现代化其实只是乡村产业振兴的一种构成或一条路径，乡村产业兴旺还需要其他产业的共同发展、融合发展。乡村治理通过创新体制机制，促进乡村第一产业、第二产业和第三产业有机融合，为乡村经济振兴提供合力；与此同时，通过治理创新，驱动乡村新业态的发展，提升乡村经济发展的活力。城乡融合机制能为乡村产业发展创造新的空间、机会和动力，乡村治理创新就是要变革城乡分割的格局，促进城乡空间、资源、经济、社会和公共管理等多方面的融合，为乡村产业发展创造更加有利的环境。此外，乡村产业的融合发展还需要有效地将经济、政治、社会、文化等多种要素有机地融合起来，以便为乡村产业发展提供新动能。从改革开放后我国乡村发展的经验来看，制度创新、“社会文化主体性”的调动、有效治理等因素，对推动乡村经济快速发展具有积极的推进作用。因此，要素融合，以及政府、市场、社会和社区发展力量的融合，对促进新时代乡村产业兴旺意义重大。

新时代乡村治理创新在乡村秩序构建与维护方面的总体目标是实现“治理有效”。所谓“治理有效”，可以从三个方面来解读：一是乡村治理体系对满足新时代乡村发展战略目标需要是有效的；二是乡村治理机制与治理方式对维持乡村有序社会生活是有效的；三是乡村治理的实践和措施对处理和应对乡村公共事务是有效的。

有效的乡村治理是乡村经济社会发展的基础，只有在有序的状态下，各项发展事业才能得以稳步推进。就新时代乡村治理创新而言，要实现“治理有效”，关键在于找到有效可行的创新路径。在有效路径的探寻中，又需要根据新时代的大势，结合乡村秩序的实际情况，准确把握乡村治理创新的大方向。综合来看，为满足新时代乡村秩序治理的基本需要，有效地治理乡村事务，治理创新要朝着自治、法治和德治“三治融合”的方向推进。

乡村社会秩序的构成及维护机制不同于城市社会，乡村自治既有悠久的历史传统，又有系统的制度支撑，更重要的是有深厚的社会基础。新时代提升乡村治理的有效性仍需要创新乡村自治方式，促进自治更加有效地与现代乡村治理相融合。法治建设是推动乡村治理体系和能力现代化的重要力量，在国家治理体系和治理能力现代化进程中扮演着重要角色。乡村治理要实现创新，就必须将现代法治精神、法治原则、法治体系和法治方法融入乡村治理之中。德治是社会治理的重要维度，德治通过道德建设和传播等文化机制，促进社会关系和谐、社会运行有序。新时代乡村治理中的德治是乡土社会“礼治”传统的现代化，即通过社会主义精神文明建设和公民思想道德建设，形成以社会主义核心价值观为基础的社会共识，从而促进乡风文明，构建美好乡村生活环境。

在乡村治理中实现自治、法治和德治的融合，关键要构建起“三治融合”机制。在推进乡村治理创新的具体实践中，“三治融合”可以从三个方面进行：一是治理主体的融合，即在乡村治理中，充分发挥自治、法治和德治的多主体协同作用，实现多元治理主体的融合；二是治理规则的融合，也就是发挥自治、法治和德治规则差异性的作用和功能优势，把不同规则有机融合起来，提升治理效能和效力；三是治理方式的融合，自治、法治和德治三种不同的治理方式既有结合点，也有冲突的可能，实现乡村有效治理，就要避免不同治理方式的冲突，加强差异化治理方式之间的融合。

三、新时代乡村治理的转型方向

（一）乡村治理结构的现代化转型

基于乡村离散加剧的客观现实，推动乡村治理结构的现代化转型，需要主动关照和回应多元治理主体各自的特点和多元需求，充分认识和把握乡村治理有效的内在要求，构建有利于促进各主体积极行动的结构性机制。乡村治理是从国家高层权力事务到基层复杂民生事宜的极端复杂系统，实现乡村治理现代化需要整个国家各种构成要素的紧密联动。

有效的乡村治理至少应该满足五个需要，即党的建设需要、基层政权建设需要、基层自治培育和保证的需要、经济发展和社会增长的需要、满足人民对美好生活向往的需要。

第一，加强党对基层社会治理的全面领导，在基层社会治理中不断提升党的领导力、发展力、生命力，既是实现基层治理有效的保证，又是中国共产党自我发展和自我建设的需要。为满足这五个需要，我们要做到：

第二，基层民主是现代国家建构的重要内容，而基层政权建设又是国家政权建设的基础。因此，虽然国家基层政权设置止于乡镇，但是国家基层政权建设却是乡村一体的，基层治理有效考量的重要因素之一必然是有效的基层政权建设。

第三，基层自治是中国特色社会主义民主制度的基本内容之一，基层治理有效必须要保证基层自治的顺利实施。在乡村社会现代化转型过程中，培育和提升基层社会人人参与的直接民主能力是一个重要命题。

第四，现代治理越来越体现全域性、全要素性、全民性。促进乡村经济发展和社会增长是乡村治理的应有之义。发展壮大集体经济、促进乡村社会全方位发展、提高人口素质，是乡村治理有效的内在要求。

第五，"以人民为中心"是中国特色社会主义基层治理的价值依归，满足人民对美好生活的向往是基层治理的出发点和落脚点。

（二）乡村发展和乡村秩序的转型

关于新时代乡村治理所出现的重要转型，同样需要从乡村发展和乡村秩序两个基本维度去认识。

进入新时代，乡村治理转型在引导和推动乡村发展的公共事务方面，主要体现在乡村发展目标、发展任务和发展方式等方面的重要变迁和转型。每个时代都有自己的历史特征，新时代也有新的时代特征。新时代的基本特征集中反映在社会主要矛盾的历史性转变上。新时代既赋予乡村发展新的历史使命，也给乡村发展带来新的机遇和新的希望。

社会主要矛盾的转变既是政策理论的判断，也是客观现实的反映。这一历史性转变意味着乡村发展的基本目标已发生更新升级。改革开放以来，中国乡村发展的基本目标是满足人民群众日益增长的物质和文化生活需要。经过四十多年的改革与发展，这一发展目标基本实现。进入新时代，乡村发展目标已转变为满足乡村人民日益增长的美好生活需要。也就是说，乡村发展需要为乡村人民创造美好生活条件。基于乡村发展目标的更新升级，乡村治理为实现新的发展目标也做出了相应的转变，乡村治理在基本目标上转向乡村振兴。

乡村治理的变革和改善，逐渐从新农村建设战略目标转向乡村振兴战略目标，乡村治理从主要解决农村温饱问题与新农村建设转向全面推进乡村振兴。全面推进乡村振兴是促进和实现乡村高质量发展的关键。在新时代，随着现代化、工业化和城镇化进程的持续推进，乡村振兴与发展既要让“三农”获得更加充分的发展，也需要借助城乡一体化、工业化、信息化的大势来推动乡村新的发展。乡村治理要解决满足村民日益增长的美好生活需要的问题，也就是要不断提高村民的生活水平，这就要促进村民收入水平的增长和提高。在新的形势下，解决村民增收问题，不仅局限于农业，还需要振兴乡村产业，除了发展农业，还需加强第二产业、第三产业的发展，即非农产业的兴起和兴旺，这样才能保证村民持续增收和新的发展。新时代的乡村振兴战略实际上要跳出“三农”来解决“三农”发展问题。

新时代乡村治理转型还体现在乡村发展重点任务的变化上。在脱贫攻坚和全面建成小康社会战略任务完成之后，新时代乡村治理在推动乡村发展方面又迎来乡村振兴的历史重任。按照乡村振兴的战略部署，乡村治理实践需要做到“产业兴旺、生态宜居、乡风文明、治理有效、生活富裕”。也就是说，在新时代的乡村治理中，重点任务是要应对和解决乡村经济产业、生态环境、精神文化、社会秩序和社会生活等方面的新问题。

新时代意味着乡村进入新发展阶段，乡村发展方式发生着相应转型。一方面，在创新、协调、绿色、开放、共享的新发展理念指引下，乡村发展的驱动方式有了相应调整和转变。与此同时，乡村治理也有了相应的创新与变革，为乡村发展提供了新动能。另一方面，在新时代的新发展格局中，为构建以国内大循环为主、国内与国际双循环相互促进的新格局，乡村发展的功能显得尤为重要。在新发展格局中，中国乡村发展需要独具特色的发展方式和发展路径，而不能照搬西方模式。无论是西方发展主义的模式，还是“后发展主义”的“混合模式”，都不符合中国乡村发展的实际需要。乡村治理转型包含在转变发展方式和探寻中国特色乡村现代化道路过程所进行的制度的和实践的创新中，以及由这些变革带来的发展和成就。

新时代乡村治理转型还体现在乡村秩序治理维度上。乡村秩序的构建和维持总是以相应的社会治理作为基础，一个时代、一个阶段的社会秩序总是以一定的治理力量为主导，秩序的性质也由主导的治理方式而定。例如，在传统乡土社会里，人际关系亲密、人员流动性小，秩序的基础主要是伦理道德规则，因而通过“礼”的方式和“教化权威”便能够实现“礼治秩序”。

进入新时代，乡村秩序的基础和治理格局已有重大转变。在国家法治建设不断加强的大背景下，乡村秩序的法治基础和法治力量在不断增强。乡村的“礼治”

或德治传统在一定程度上得以传承。此外，乡村自治传统在村民自治制度的运行实践中也在发挥着重要功能。这样，乡村秩序具有了法治、德治与自治相结合的共治基础。在治理方式上，乡村治理逐步形成源头治理、依法治理、系统治理和综合治理等多种方式共治的机制。在治理主体方面，乡村治理主要以党委、政府为主导，多元社会主体共同参与、相互促进，形成共建、共治、共享的社会治理新格局。

（三）治理体系和治理效能的转型

新时代乡村治理转型在治理体系和治理效能两个方面有所表现。

随着“三农”领域的改革不断深化，乡村治理体系在新时代已发生了重要转型。乡村治理体系反映的是参与治理的各种权威、各种力量、各种组织和各种资源之间的关系和运作方式，如国家与社会、法治与礼治、政府与市场、干部与群众等方面的相互关系和作用方式。新时代乡村治理体系的转型主要体现在党委、政府领导下的共治体系的形成，即在乡村治理中，党委、政府的领导作用是核心，也是基础，整合多种资源和力量，形成共同参与、相互促进的共治体系。

1. 议政分离

议政分离旨在解决行政化和压力性体制带来的问题。具体来说，就是政府在所在村庄内设置工作站，将原本交予村民自治委员会的工作交由工作站处理，村民自治组织与自治委员会回归原位，从而改变村干部可能出现异化的情况。

2. 政社互动

“政社互动”与“议政分离”较为相似，都是将政府治理与社会治理相分离，不同的是“政社互动”还需要实现政府与村庄之间的合作。“政社互动”是指将政府原本交给居民委员会与自治委员会的工作进行梳理，分成两类，一类交予自治委员会继续完成，另一类由政府买办人员负责。这类改革的基本理念是，村委会并不是政府下设的基本单位，处于与政府平等的地位，因此政府并不能将自己的权力强加到村委会之上，不能强制要求村委会完成某项事务。“政社互动”的前提是政府与村委会之间真正处于平等关系，但实际上并不平等，公共服务价格由政府说了算。但是，与之前相比，当前村民委员会所承载的公共服务项目数量有所减少，主要是由于政府设置政府清单对部分任务进行限制和分派，因此村委会工作人员能够有自己的时间和精力参与村庄自治。

3. 协商民主

协商民主是指在部分村庄除村民自主选举外，由政府给每个村庄出一笔资金，由“议事会”决定这笔资金的实际用途，而“议事会”主要由村庄内的威望人士、经济能人和知识分子等组成。协商民主有利于打破传统村庄选举流于形式的弊端，能够改善村庄自治，强化基层民主建设。由“议事会”取代村民自治委员会，在一定程度上是对于村民大量流失的修补，由于村庄内大多数青壮年村民选择外出务工，只能由老年人代替他们负责村庄管理及公共事务的决策，而村委会主要负责执行，党支部则负责召集领导机构。由这三方共同构成合作与共赢的三角关系，一方负责公共服务，一方负责具体执行，另一方负责沟通联络。“协商民主”用经费制取代项目制，由村庄负责人直接负责资金资源的用途，由其他几方负责对资金项目进行监督；同时，实现村民自治的重构，三方共商的框架能够实现公共事务与村民需求直接对接。但需要指出的是，协商民主并不能有效解决“行政化”的问题。一方面，“议事会”成员产生的合法性没有一定的保障；另一方面，“议事会”产生过程缺乏一定的公开、透明的程序。

新时代乡村治理转型不仅仅表现在治理体系方面，也反映在治理效能上。随着乡村治理体系的转型，乡村共治体制机制不断完善，促进了乡村基层治理能力的提升。乡村治理能力的不断提升带来了实际治理效果的改善。在乡村快速转型、乡村人口大流动的大背景下，乡村秩序治理难度在加大，乡村治理对不断改善乡村社会关系、维持秩序稳定发挥着积极的作用。乡村治理可以依靠共建共治机制，综合运用多种治理方式，让矛盾纠纷基本不出村，有效地促进社会关系的和谐和秩序的稳定。合理的、不断完善的乡村治理体系，对提升乡村治理效能具有较为显著的促进作用。良好的乡村治理能有效地化解秩序风险，为乡村发展创造良好的秩序条件。

在新时代，中国乡村仍保持着快速的现代化转型，并迈入了新发展阶段，形成了新发展格局。在此过程中，乡村治理无论在促进乡村新的发展还是在保持乡村和谐秩序方面，都进行了重要转型。乡村治理在执行和实施精准扶贫与脱贫攻坚战略方面，取得了历史性的成就，让近一亿的农村贫困人口摆脱了绝对贫困，如期完成了全面建成小康社会的战略任务，助推乡村发展上了一个新台阶。随着乡村治理中心任务转向乡村振兴，乡村发展迎来了新的历史机遇，也将带来乡村治理的重大转型。

新时代的乡村治理在体系、方式方面持续创新，形成共建共治共享的乡村治理新格局，使得乡村治理机制日益完善，治理能力大幅提升。由此，乡村治理在构建和维护和谐的乡村社会关系和稳定秩序方面，发挥着越来越重要的作用。一方面，治理转型在较大程度上缓解了甚至减少了以往基层管理体制中干群之间、管理者与被管理者之间的矛盾，多元共治的治理体系明显促进了乡村社会主体关系的改善。同时，治理转型有利于化解乡村社会内部矛盾，大大降低了秩序风险。另一方面，乡村治理转型在应对社会主要矛盾转变背景下的乡村秩序重建问题，维持新时代乡村社会秩序新格局方面，发挥了主导和整合的功能。

第二节　乡村治理的主要方法

社区营造是解决乡村治理困境的有益探索和有效机制。“社区营造”是一个舶来品，目前各界关于其内涵并没有达成统一共识。美国经济发展委员会将其界定为：为增强社区规范、社区支持和问题解决能力做出持续而全面的努力。引入社区营造是解决乡村振兴和乡村发展主体能力与动力不足困境的重要途径和有益探索。

当前，在乡村治理中，治理主体由过去的单一化向多元化转变。要想提高协同治理的效果，需要进一步完善一核多元机制、“三社”联动机制、协商互动机制等协同治理机制。协同治理机制的完善需要强化治理理念、治理方式、治理平台等方面的保障。

随着农村政治、经济、文化、社会、生态环境的变化，特别是随着城镇化进程的加速推进，乡村治理主体的构成、行为动机、行为表现都发生了很大变化。如何协调各参与主体的关系直接关系到乡村治理的效果。

一、乡村社区参与主体的多元化及其角色定位

当前，虽然不同地域、不同发展程度的乡村参与模式有着较大的差异，但从整体而言，各个主体都在不同程度上参与了乡村治理。

当前，在乡村治理过程中，主体主要包括国家、社会、个人三个层面。

（一）国家层面的主体

从国家角度来看，直接的主体包括乡政府、基层党组织。另外，县一级政府及相应的职能机构，以及省级政府及其职能机构，甚至中央都间接地参与着乡村的社区治理。

1. 县级以上政府

从中央的角度来看，各项针对“三农”问题的大政方针，以及地区倾斜政策为乡村社区治理提供了外部环境。比如，党的十九大提出“乡村振兴”战略的“二十字”方针，为乡村社区治理的治理内容和治理方向提供了基本遵循。另外，中央对欠发达地区会有政策和资金上的倾斜。地区政策的倾斜并不是我们国家的独创。西方国家对欠发达地区进行政府援助的成功经验表明，政府的政策倾斜是缩小地区差距的一个关键因素，通过政策倾斜来实施对欠发达地区的前期开发是一条普遍规律。省、市、县各级政府及其职能机构在区域规划、政策扶持、资金支持、监督指导等方面发挥着不可或缺的作用。

2. 乡镇政府

《中华人民共和国村民委员会组织法》第五条规定：“乡、民族乡、镇的人民政府对村民委员会的工作给予指导、支持和帮助，但是不得干预依法属于村民自治范围内的事项。村民委员会协助乡、民族乡、镇的人民政府开展工作。”这是从村民自治的角度对乡镇政府角色进行的定位。在实践过程中，乡镇政府和村级自治组织并没有完全做到各司其职，村民自治组织经常成为乡镇政府政策的执行者，而不少地方的乡镇政府也会干涉村民自治事务。乡镇政府和村民自治组织成为领导和被领导的关系，而不是指导和被指导的关系。当前的乡村社区治理显然已经突破了自治，体现为多元主体的合作共治。重新界定乡镇政府的角色很有必要。乡镇政府当前是公共服务者，更多地发挥宏观管理职能、完善公共产品供给和监督职能。区域内乡村要根据自身的产业特点，打造优势产业。乡镇农业部门还要进行农技推广，针对村民的需要，聘请专家开展农业技术推广，并提供农业信息服务。乡镇政府还承担着优化招商引资环境的职能。乡镇政府在公共产品供给中的作用也很重要，如在就业扶持、医疗保障、教育发展、文化建设等方面。另外，乡镇政府应当发挥监督职能。例如，对农家乐、民宿合理定价进行指导，避免恶性竞争的发生，确保其提供性价比较高的服务；对于村民进行监督，防止不良人员混入基层组织内部，危害社会秩序，影响当地居民的生活安宁。

3. 基层党组织

基层党组织要充分发挥领导核心作用。基层党组织是社区治理的领导核心。乡村社区治理主体呈现多元化趋势，与之相伴的是各主体的利益多样化、需求多样化、矛盾冲突多样化，这就更加要求加强党组织的领导核心作用。基层党组织的领导核心作用体现在政治领导、思想领导、组织领导等各个方面。在政治领导方面，基层党组织要宣传党的路线方针政策，以确保社区治理不违背党的大政方针。这就要求党员强化理论学习，关心国际、国内形势，只有自己有足够准确的了解，才能保证在宣传过程中保持正确的方向。现代媒体给人们的生活带来了诸多便利，也有利于人们获取各种信息，“学习强国”应用软件就有利于农民对大政方针的把握，“学习强国”应用软件里有许多与农民生活息息相关的学习平台，如“农民日报”“农影智造”等强国号，广播频道有“中国乡村发现”，农民可以一边干农活，一边听广播，这对于农民了解世界、了解中国、了解“乡村振兴”和“三农问题”大有帮助。在思想领导方面，有些地区的农村出现了拜金、享乐、攀比之风，表现为红白喜事越来越讲究排场，礼金水涨船高。有的青年沉迷于游戏、赌博，不思进取。这就要求基层党组织能够发挥思想引导的作用，通过群众喜闻乐见的形式，使社会主义核心价值观深入农民心中。

要加强以党组织为核心的农村基层组织建设，以农村基层党组织建设为主线，加强农村基层党组织领导，进一步提升乡村治理能力。村干部作为协同治理的核心力量，在面对其内部动力不足时，可以协同社区党组织发挥作用，选拔年轻且有能力的青年骨干加入社区干部团队，通过组织培训和开设论坛等方式提高他们的专业知识储备；通过实践活动锻炼他们的能力，最大限度地激发潜力和热情。同时，要以其他走在发展前列的社区作为范本进行对比，发现自身不足。

（二）社会层面的主体

1. 社区自治组织

一些街道和社区居委会应该充分发挥自身职责，按照相应政策支持乡村社区社会组织发展，并将乡村社区社会组织作为乡村社区协同治理体系建设的核心。在社区党委领导之下，通过开展形式多样的为民服务活动，针对流动人口现实需要，制定切实可行的帮扶措施，进一步激发乡村社区活力。

《中共中央 国务院关于加强和完善城乡社区治理的意见》提出：“注重发挥基层群众性自治组织基础作用。进一步加强基层群众性自治组织规范化建设，合理确定其管辖范围和规模。促进基层群众自治与网格化服务管理有效衔接。”“充分发挥自治章程、村规民约、居民公约在城乡治理中的积极作用，弘扬公序良俗，促进法治、德治、自治有机融合。”

基层自治组织包括村委会、村民代表大会、村民小组等，在乡村治理中发挥着基础作用。基层自治组织起着“上传下达”的作用，农村基层自治组织一方面是乡上级政府政策的落实者和执行者，另一方面是村民利益的代表者和代言人，如何协调好二者的关系需要很大的智慧。

村民自治包括民主选举、民主决策、民主监督、民主管理。在民主选举方面，村委会和基层党组织要组织好各个环节，要确保候选人的确定、公示、选举投票、监票等各个环节都符合法律规定，并能够充分体现民意。在民主决策方面，村庄基本都会通过“一事一议”的方式，对重大民生工程、公共产品供给等进行专门的协商讨论，尽可能体现大多数村民的利益。在民主管理方面，对村庄的日常事务，如计划生育、优抚安置、社会保障、文化活动、环境治理等方面，通过网格化平台等形式保证村民的参与，避免“集体失声”的局面出现。在民主监督方面，乡村普遍设立了“村监会”等机构，村监会大多能代表不同群体的利益，定期进行财务、村务公开，接受村民的监督。

2. 社会工作机构

社会工作机构承担着社区营造中的多重角色。培育社区共同意志、帮助村民增权赋能、形成社区共同体是社会工作机构进行社区营造的重要环节。在这个过程中，社会工作机构工作人员扮演着引导者、组织者、教育者、协助者等多重角色。社区认同是社区居民参与社区公共事务的前提和内在动力。要使得社区营造取得更好的成效，并且能够持续发展，社会工作机构在嵌入社区营造的过程中，必须对当前社区发展存在的问题进行治理，为村民提供专项服务。

3. 社会组织

社区社会组织是由社区居民发起成立，在城乡社区开展为民服务、公益慈善、邻里互助、文体娱乐和农村生产技术服务等活动的社会组织。

中共中央非常重视社会组织的发展，但从目前社会组织发展的状况来看，城市社区社会组织，特别是较发达地区，如上海、江苏、浙江、广东等地区的社会组织发展得较快，体制机制也较为完善，农村社会组织发展仍然滞后。2015 年 5 月 18 号，华中师范大学乡村问题研究院发布的调查报告显示，我国农村现代社会组织呈现多样化发展，但数量偏少、规模偏小，且发展不均衡。有效村庄样本中共有 626 个社会组织。其中，经济组织 180 个，文娱组织 348 个，民间社会组织 98 个。平均每村 2.09 个社会组织，每万人口 9.3 个社会组织。但这些村庄中有近四成没有成立现代社会组织，覆盖不足，各类组织之间也发展不均，七成以上村庄成立过为修一条路、打一口井的临时项目自治组织。从我国农村当前社会组织的构成来看，有农业生产技术服务类、公益慈善类、文体娱乐类、公共服务类、邻里相助类、扶危济困类的组织等。当前，农村社会组织的发展，是对政府、社区自治组织作用发挥不足的有效补充。农村社会组织能够提供农业生产技术服务；公共服务类、公益慈善类的社会组织有效地弥补了政府公共服务供给的不足，使村民在医疗卫生、就业创业、养老、生活困难学生受教育、残疾人生存等方面得到了保障；文体娱乐类组织丰富了村民的文化生活，使村民在辛苦劳作之余，精神文化生活得到了很大满足，农闲时节也不再局限于打牌、打麻将、在街头巷尾闲聊，而是有了更高层次的精神追求。另外，还有矛盾调解类的组织，如治安联防队、矛盾调解委员会、老人协会、关工委等。老人协会一方面承担着组织老年人活动的职能，另一方面也有一些老人协会调解矛盾，这对于维护乡村的社会秩序有很重要的作用。亨廷顿指出："组织是通向政治权力之路，也是政治稳定的基础，因而也就是政治自由的前提。"农村社会组织不仅保障了农民的政治自由、权利及其他方面权利的实现，也有利于维护农村社会稳定。另外，乡贤理事会、乡贤参事会、红白理事会等，在乡村社区治理的很多方面也都起到了积极的作用。

在看到社会组织的积极作用的同时，我们也不能忽视其不尽如人意的地方。有些地方的社会组织存在"空转"的现象，即虽然设立了社会组织，但名存实亡，有的社会组织能够起到其应有的作用，而有的却只是徒有虚名。这是在农村社会组织的发展过程中值得我们注意和警惕的事情。

（三）个人层面的主体

乡村社区治理效果究竟如何，最终还是要看普通村民的参与意识和参与能力。

在乡村中还存在乡村精英，包括经济精英、文化精英、科技精英、德高望重者等。乡村精英在社区治理中所发挥的作用不可小觑。

除了前面提到的各级政府、村民自治组织、乡村基层党组织、各种社会组织、普通村民、村庄精英等，工商资本、媒体等也在乡村治理中发挥着很大的作用。在一些村庄中，工商资本的注入极大地改善了社区治理的环境，提升了社区治理的质量；在乡村农家乐、民宿的发展过程中，传统媒体、新媒体都功不可没。另外，高校、科研院所的学者也参与到乡村社区治理过程中来，为乡村社区治理献计献策。

总之，当前乡村社区治理呈现出主体由单一化向多元化转变、由静态向动态转变的发展趋势，这一趋势给乡村社区治理带来了生机和活力，但也带来了一系列挑战。那么，如何进一步完善协同机制，以及需要为协同治理提供什么样的保障，才能真正发挥协同治理的作用，进而实现有效的治理和乡村社区善治呢？

二、完善乡村社区协同治理的途径

（一）完善乡村社区协同治理机制

1.“村委＋社会工作者＋村民”的多主体协同机制

社会治理的核心是人，乡村是由村民和村民自治区委员会（简称“村委会”）组成的一个社区群。社会工作者要嵌入乡村社区营造，不单要获得村委和村民的认可，还要协助培育村委会成员及当地村民的助人自助精神，培育本土化的服务队伍，只有这样才能真正形成自我管理、自我服务、自我教育的可持续发展模式。

2. 一核多元机制

一核多元机制指的是以党组织为领导核心，多元主体共同参与治理的机制。党的领导核心地位体现在政治领导、组织领导、思想领导等各个方面。当前，加强基层党组织的领导，不仅要提升基层党组织成员的素质，还要提升普通党员的素质，使其真正发挥先锋模范的作用。

第一，坚持“三会一课”等制度建设，即定期召开支部党员大会、党支部委员会和党小组会，“一课”是指按时上好党课。“三会一课”是党组织生活的基本形式，是加强党员日常教育管理监督的主要途径。基层党组织要坚持每个季度召开一次党员大会，每个月召开一次党支部委员会、党小组会，及时了解党的方针政策。有条件的社区或者几个社区联合，可以聘请党校、普通高校、科研院所的相关专家举办讲座，拓宽党员的视野。

第二，完善组织建设，有条件、有必要的地方进行“联合党建”。在一些经济较为发达的村庄，经济来源不仅仅是农业，有不少地方都有驻村企业。社区和企业联合党建可以加强社区和企业党组织的战斗力，让企业更了解社区，也让社区更了解企业，进而更好地发挥企业党组织及党员在社区治理中的作用。

第三，加强基层党组织民主化、法治化、科学化建设。乡村社区协同治理，要在发挥党的领导作用的前提下，充分发挥多元治理主体的作用，其中最关键的是发挥普通村民的作用。当前，在乡村治理过程中，最大的问题还是普通村民作用发挥不足。要想让普通村民真正参与乡村治理，最关键的是要培养村民的公民意识。一方面，公民意识的培养离不开公民教育的作用，另一方面，需要通过参与治理的实践来培养公民意识。通过实践养成公民意识是最直接、最有效的途径。尽管当前村民在社区治理的过程中有一定的参与度，但对改善治理现状的作用是远远不够的。要想让村民更主动、更有效地参与，需要进一步扩大信息公开程度，进一步保障村民的知情权，进一步引导村民理性参与，并反馈参与结果，接受村民的监督。村民只有真正看到自己的参与对乡村生活所产生的影响，才有进一步参与的积极性，才能在参与的过程中逐步强化其公民意识。

3.“三社联动”机制

三社联动机制是指社区、社会组织、社会工作者在党和政府的领导下相互扶持、协调的机制，其中社区提供平台，社会组织为服务载体，社会工作者为专业人才支撑。

在这个过程中需要注意的是，社会工作机构嵌入乡村社区营造的过程，会因乡村本身的多样性和文化差异而有所不同。同一个社会工作机构进驻不同的乡村社区，开展的服务和工作模式、方法及其成效也会有差异。乡村社区营造是一个发展的过程，嵌入程度由浅到深，角色和功能不断转换。在嵌入初期，社会工作机构最主要的工作是如何与当地村民熟络起来，使村民认同社会工作者的理念和社会工作者的角色，从而为后续活动和服务的开展奠定基础。而要实现可持续的自治发展模式，社会工作机构则必须发挥好社会工作机构作为教育者、引导者的作用，培养本地人才队伍，并在服务中融入本地的文化元素，真正实现自我教育、自我管理、自我服务。

最早，“三社联动”的雏形是2004年上海提出的“社区、社工、社团三社互动”，随后广东、江苏、浙江等地区进一步推动了“三社联动”的发展。从我国当前“三社联动”发展现状来看，上述地区城市社区建立了相对完善的“三社联动”发展机制，“三社联动”在城市社区治理的过程中发挥了积极作用。在乡村社区治理中，鲜有“三社联动”的成功案例。这也是今后乡村社区治理需要努力的方向。2019年《中共中央、国务院关于坚持农业农村优先发展做好“三农”工作的若干意见》的发布，使农村社会组织迎来了发展的春天。该文件指出，“鼓励社会力量积极参与，将农村人居环境整治与发展乡村休闲旅游等有机结合。”另外，在脱贫攻坚、提升农村公共服务水平方面也突出强调了社会力量参与的重要性。在《中共中央 国务院关于加强和完善城乡社区治理的意见》中则提出：“推进社区、社会组织、社会工作‘三社联动’，完善社区组织发现居民需求、统筹设计服务项目、支持社会组织承接、引导专业社会工作团体参与的工作体系。鼓励和支持建立社区老年协会，搭建老年人参与社区治理的平台。增强农村集体经济组织支持农村社区建设能力。积极引导驻社区机关企事业单位、其他社会力量和市场主体参与社区治理。”足以看出国家对农村社会组织发展及“三社联动”机制重要性的认识。

“三社联动”需要乡村社区提供联动平台，从调研的社区来看，社区居委会基本都能满足社会组织活动场所、设备配备方面的需要，但并不是所有的乡村社区都能做到这一点，而这是“三社联动”的前提。当前，制约大部分乡村“三社联动”的因素主要在于专业性的社会组织发展不足，专业性的社会服务项目也不足。虽然当前乡村也有一些专业性的社会组织开展公益服务项目，如关爱留守儿童的公益项目，国际组织的一些基金会在云南、四川、贵州等地区开展的一些参与式扶贫项目，一些富裕的村庄如张家港市永联村的比较健全的社会组织及其与其他主体的联动等，但这相对于全国的村庄而言，是远远不够的。大部分乡村要想发挥“三社联动”在乡村治理中的作用，前提是培育专业性的社会组织，进一步完善一些内生的社会组织。在培育专业性的社会组织过程中，可以借鉴城市社区社会组织发展的经验，城乡结对，协同发展，也可以像陕西省白水县那样引进国际组织和国内一些慈善基金会的力量，推动专业性社会组织的培育。在此过程中，应当发挥县级政府、乡镇政府及基层党组织的作用。相关党政机构应当做好孵化培育工作，为专业性社会组织的发展创造良好的环境。在专业性社会组织培育过程中，还应当处理好专业性社会组织与社区志愿者组织、专业社会工作者与社区志愿者之间的关系，要把专业性社会组织及社会工作者的专业知识与社区志愿者组织和志愿者的地方性知识结合起来，真正做到理论指引与实际需求相结合。在项目设计过程中，要充分考虑社区居民的需求，同时要发挥社区居民在执行、监督过程中的作用。

总之，要想发挥“三社联动”在乡村社区治理中的作用，社区、社会组织、社会工作者之间需要联动；同时，基层政府和党组织也要为其提供良好的环境，包括政策、资金等方面的支持。另外，关键的因素是满足村民的利益和需求，“三社联动”服务的主体是村民，是普通村民的需求和利益，如果不能满足普通村民的利益和需求，那么不管机制设计得多精妙、服务项目看起来有多完美，都是空中楼阁、镜花水月。

4. 协商互动机制

在乡村治理过程中，各地探索出各种各样的协商互动形式。村庄事务纷繁多样，但都有一些常规性事务，村委会根据需要召集村民代表、党员代表等进行协商，并记录在册；在涉及乡村重大决策时，要召集全体村民，召开村民代表大会，集思广益，充分听取村民建议。各地乡村在社区治理过程中，虽然有着各种各样协商互动的探索，但在协商过程中，具有较大的随意性，协商机制还不够完善。浙江省温岭市的“民主恳谈会”的经验值得借鉴，协商互动应当有章可循。在协商之前，组织者应当提前一定的时间（根据协商事项的复杂程度，确定提前通知的日期，如5天、10天等）通知协商主体，并进行相关政策的普及宣传，如果涉及专业知识，那么也要让村民提前了解。这样协商主体就会有一定的心理准备，还有思考、了解的时间，避免了协商中的盲目性。协商过程应当由具有一定专业知识储备和威望的人来主持。主持人要把握协商进程，出现“跑题”的情况时，要及时把话题拉回来，保证协商始终围绕所讨论话题展开，提高协商的效率；不同主体的利益诉求不同，在协商过程中言语冲突、肢体冲突自然难免，如何引导不同的利益主体理性地商谈，对主持人是极大的考验；经过多轮协商，最终达成共识或相对共识。协商过程结束，协商结果要告知利益相关者和村民，接受村民的监督。只有建立制度化、常态化的协商机制，社区治理才能保证真正的民主化、科学化、高效化。

总之，当前多元主体参与式治理已经成为常态，只是在不同的村庄，由于其历史文化传统、人口构成、产业结构、经济发展程度、资源禀赋等条件不同，各主体在治理过程中所发挥的作用不尽相同，协同治理机制还不够健全。要想提高协同治理的效果，我们需要进一步完善协同治理机制。

（二）治理体系及治理流程再造模式

为进一步落实城乡融合发展目标，提升乡村社区治理水平，推动城乡一体化发展，国家加强了对乡村基层治理的改革。在这方面，山东省日照市结合本地乡村社区治理实际，提出了乡村社区治理流程再造改革目标，并按照因地制宜、循序渐进的原则，建立起了以社区管理服务为重点、以社区自治为导向的多元化的自治体系，为各地乡村治理工作提供了以下经验：

第一，创新乡村社区管理体制。为了更好地解决乡村社区治理出现的问题，对乡村社区管理体系进行了改造，构建了乡村社区网格化管理机制，将网格员作为乡村社区服务主体。

第二，创新乡村社区服务机制。以乡村社区服务中心为主体，将村民自助互助服务方式作为乡村社区服务体系的有效补充，将原来由政府承担的社会治安和社会救助等多项服务下放到乡村社区，乡村社区成为多项服务的主体，乡村社区居民的多项服务由社区自身承担。

第三，创新乡村社区自治体制。建立项目清单，项目清单涉及医疗救助、贫困户评定、残疾人危房改造、五保供养等多项内容，进一步扩大了乡村社区的自治范围，也在一定程度上提升了乡村社区治理的民主水平。

第四，创新乡村社区保障机制。以机制创新和绩效考核作为主要抓手，建立党委领导、政府负责、相关部门协同、社会力量参与、村级组织负责的乡村社区治理机制；通过保障机制创新，为乡村社区组织和村民自治组织提供更为全面的保障。

（三）乡村社区协同治理的保障

乡村社区治理不是一朝一夕的事情，而是一个系统工程，需要强化治理理念、治理方式、治理平台等方面的保障。

1. 治理理念的转变

具体而言，国家层面的治理主体要实现从“管理意识”到“服务意识”的转变；个人层面的治理主体要实现从“为我做主”到“由我做主”的转变；社会层面的主体要实现从“动员参与”到“主动参与”的转变。

各级党委和政府、基层党组织、村委会等是国家各个层面的治理主体，在乡村治理过程中，要转变观念，树立“村民不是来管理的，而是来服务的”观念。观念是行动的先导，只有观念转变了，才会有自觉的行动。各个主体始终要从村民的利益出发。

在个人层面，普通村民的观念应当实现由“为我做主”向“由我做主”的转变。普通村民的“公民意识”不足，农村相对城市而言受现代化潮流的冲击较小，村民的观念相对保守一些。仍有小部分村民对于权利意识、参与意识淡漠，大事或小事都希望由家族中有威望的人或村委会来做主，而不是积极、主动地参与其中，表达自己的利益诉求和所思所想。“等靠要”的思想不利于乡村治理民主化、现代化的实现。只有个体真正觉醒，真正积极、主动、依法、理性地参与到村庄公共事务中，而不是消极被动，推一推、动一动，不推不动，甚至推也不动。

社会层面的主体，即各种类型的社会组织，包括社区内生型的组织和外来嵌入的组织。当前，从总体而言，社会组织存在类行政化的现象，很多组织是应政府的要求设立的，或者是村委会为了应付上级检查成立的。这些组织在参与乡村社区治理时，缺乏积极性、主动性，很多是被动员参与的，特别是一些为乡村生产服务的集体经济组织和农业合作社。当然，当前也有一些社会组织积极参与到乡村治理过程中来，特别是一些文体娱乐类的组织。但是，从整体而言，乡村的社会组织积极参与的意识和行动都是不足的。乡村治理不仅仅依靠政府行动、社区组织行动、基层党组织行动，村民和社会组织也要积极行动。只有多元主体积极协调互动，才能使乡村社区治理的活力真正发挥出来。

2. 协商共建——满足协同治理多元化

社区治理不是社区干部的一元治理，而是多元主体的合作共治，但并非各治理主体都处于一样的地位，而是各有侧重，不能缺位或者错位。居委会是公民参与社区治理、反映民意的重要平台和渠道。社区干部可以协同居民委员会加强基层自治组织建设，通过基层信息公开，选出大家拥护并有说服力、有威信的人作为代表，让代表把在社区讨论的结果传达下去，再让自然村村民和小区住户把建议和想法通过代表带给社区干部，并及时对反映的问题进行梳理汇总，尽快给予解释答复。通过协商议事收集社情民意，把体恤民情与重视群众反馈相结合。

3. "三治融合"的治理体系

村民自治从 20 世纪 80 年代实行到现在，促进了农村民主政治建设的发展。但是，在实践过程中，村民自治也暴露出一系列的弊端，特别是乡镇政府与基层自治组织、村党支部、村委会之间的权力边界一直不是很清晰，相当一部分村民的参与意识不强、参与经验不足。单独来看，法治太"硬"，德治太"软"，自治太"任性"。为了弥补村民自治的不足，"三治融合"（自治、法治、德治）的治理体系应运而生。"三治融合"源于浙江省桐乡市高桥镇 2013 年的探索。桐乡市建立了"两会""三团"的治理模式，健全了"三治融合"的乡村治理体系，两会即"百姓议事会""乡贤参事会"，"三团"即"百姓服务团""法律服务团""道德评判团"，给村民的生活提供了很多方便，也极大地改善了治理效果。

乡村自发的"三治融合"实践探索得到了中央的肯定。党的十九大报告强调："加强农村基层基础工作，健全自治、法治、德治相结合的乡村治理体系。"2018 年，《中共中央 国务院关于实施乡村振兴战略的意见》提出："必须把夯实基层基础作为固本之策，建立健全党委领导、政府负责、社会协同、公众参与、法治保障的现代乡村社会治理体制，坚持自治、法治、德治相结合，确保乡村社会充满活力、和谐有序。"2018 年 9 月，《乡村振兴战略规划（2018—2022 年）》提出："坚持自治为基、法治为本、德治为先，健全和创新村党组织领导的充满活力的村民自治机制，强化法律权威地位，以德治滋养法治、涵养自治，让德治贯穿乡村治理全过程。"

"三治融合"要以自治为基、以法治为本、以德治为先。自治是根本，法治是保障，德治则起到先行者、润滑剂的作用。自治要想取得实效，前提是村民对自治有足够的认识和理解。《中华人民共和国村民委员会组织法》虽然明确规定了"自治"包括民主选举、民主决策、民主管理、民主监督，但在村民自治的具体实践中，很多人都把自治理解为选举。事实上，自治不仅仅是选举，更重要的是参与。基于对家乡的热爱和参与精神，要不断完善村民自治的各项制度，并与德治、法治相结合，实现乡村社区高效能治理。

法治是“三治融合”的保障，乡村治理要依法进行。2018 年，《中共中央 国务院关于实施乡村振兴战略的意见》明确提出“乡村振兴，治理有效是基础”“坚持法治为本，树立依法治理理念”。当前，“三农”问题存在立法滞后、可操作性不强的问题。十八届四中全会的会议报告指出“实现立法和改革决策相衔接，做到重大改革于法有据、立法主动适应改革和经济社会发展需要。”“三农”立法还没有跟上经济社会发展和改革的需要。目前，关于农村产权制度改革，承包地“三权分置”等方面的立法仍显不足。另外，依法治村不仅包括国家及相关部门发布的宪法、法律法规、规章制度，还包括村规民约等家喻户晓的规则。其中，村规民约更贴近村民的生活，也更容易被村民接受。要实现法治，良好的法治文化、法治氛围也很重要。我国“人治”传统深厚，一些村民的法治意识比较淡薄。农村尤其如此，人们更多地希望通过伦理来调节人与人之间的关系，认为“无讼”才是理想的社会秩序。对村民法律意识、乡村法治文化的培养任重道远。

在德治方面，要发挥存在于乡村的传统美德。在传统乡村中，人与人相互信任，团结和睦，邻里互助，村民善良质朴。然而，市场经济和现代化的浪潮对乡村美德也有一定程度的冲击。“道德评判团”“最美婆婆”“最美媳妇”“最美家庭”“最美乡村医生”，还有各种“星级评选”都是促进德治建设的有效途径。

自治、法治、德治三者之间相互促进、相互融合，在乡村治理中，应当把其看成完整的体系，而不是各自为政。

4. 借助网络平台

相关人员可以运用新媒体网络平台，通过互联网来推动社区居民进行互动，探索民主议事新形式，继续完善民主协商制度，搭建协商议事平台，拓宽基层群众参与协商议事的渠道，提高社区居民的协商意识。社区干部要想居民所想。针对部分年轻人外出工作的情况，社区干部可以利用微信等通信应用软件及时发布和收集信息，有利好政策也要及时在群里做好通知公告；同时，可以通过网络会议的方式进行协商，有效整合资源，及时获取反馈信息。

现代信息技术是实现乡村社区治理现代化的重要支撑。要提高乡村社区治理主体的现代化治理手段，就要顺应和引领社会发展的时代要求，紧紧围绕互联网、物联网、大数据、云计算等新一代信息技术，打造乡村社区治理主体现代信息化服务平台，实施“互联网 + 乡村社区治理”模式，全面提升乡村社区治理能力。

要想打造信息化的治理平台，首先要保证具有信息化的基础设施，同时治理主体要有运用现代信息技术提升社区治理的意识。每个村庄都应当有自己的网站，而且信息要及时更新。如果网站信息更新缓慢，村民无法在网站上获取最新的消息，网站也就形同虚设。乡村在信息化建设的过程，应当顺应当前乡村变化的需要。例如，大部分村庄的大量人口外出务工，为了让外出村民能够及时了解村庄事务，相关人员应当及时在网站上做好村务、财务、党务信息公开，可以仿效政府网站的做法，设置“公众参与”版块，就村庄的一些重大决策和日常事务展开讨论，听取村民的建议，并给予积极的回应；可以设立微信公众号，就村庄事务展开开放式讨论，集思广益。在选举过程中，对一些无法到现场参加选举的村民，也可以采取电子投票的方式，以便其表达自己的意愿；对于长期居住在村庄的外来人口，也可以通过信息平台保障其参与村庄公共事务的权利。

打造信息化治理平台、公共服务平台也是必不可少的。江浙一带的村庄大多有便民服务中心，且有专门的工作人员负责。另外，集产品、服务、信息、技术于一体的综合性服务平台——农村科技服务超市，也是乡村社区治理的有效信息化平台。截至 2012 年 11 月末，江苏省初步建成超市总店、分店和便利店三级网络体系，共有店面 215 家，驻店科技特派员 2000 多名。在调研中发现，江苏省的农民充分地利用了“农村科技服务超市”这一平台。

网格化治理是保证信息化平台有效运行的方式。在网格化治理方面，浙江、江苏两省是走在全国前列的。2007 年开始的“网格化管理、组团式服务”的“舟山模式”；2014 年农村基层全员全科网格管理的“义乌佛堂模式”，都是网格化治理方面的有益尝试。

我国地域辽阔，不同区域乡村经济的发展状况、民主政治建设的基础、文化传统、自然地理条件等有着很大的差异性，乡村社区治理应当从本地实际出发。

第三节 乡村治理的评价指标

一、乡村治理能力评价指标体系

本部分分别从产业治理、生态治理、文明治理和生活治理四个维度构建指标体系，测度我国乡村治理能力，同时构建耦合协调模型对乡村治理各子系统间的耦合协调度及其演变规律进行分析。研究表明，2014 年—2018 年，我国乡村治理各子系统耦合协调度的变化可分为两个阶段：① 2014 年—2015 年，我国乡村治理各子系统的耦合协调度处于上升状态，但处于不协调阶段；② 2016 年—2018 年，我国乡村治理各子系统的耦合协调度持续提升，进入协调阶段，2018 年已达到优质协调。

党的十九大报告提出关于实施乡村治理的重大决策，是党和国家根据改革开放以来城乡关系的发展进程及其内在规律所作出的具有前瞻性的决策。党中央为了实现“两个一百年”的宏伟目标，将原本的“三农”问题中顽固性的难题做了进一步规划，从经济发展、生态环境、乡风文明和乡村建设等方面全方位进行改革。对于乡村治理绩效的评价必须紧紧围绕党中央的大政方针才能具有更好的现实意义。本书结合我国乡村实际，遵循科学性、系统性、可操作性和可量化的原则，从生态治理、产业治理、文明治理和生活治理四个方面构建了由 17 项指标构成的乡村治理能力评价指标体系。经标准化处理后，用熵权法计算得出各评价指标的权重值，如表 3-3-1 所示。

表 3-3-1 乡村治理能力评价指标体系权重值

一级指标	二级指标	三级指标	权重
乡村治理能力（A1）	生态治理（B1）	人均公园绿地面积（m^2）（C1）	0.114
		卫生厕所普及率（C2）	0.054
		太阳能热水器（$\times 10^3 m^2$）（C3）	0.060
		化肥使用强度（$\times 10^3 t/hm^2$）（C4）	0.088
	产业治理（B2）	粮食单产（kg/hm^2）（C5）	0.047
		养殖废弃物综合利用率（C6）	0.049
		农业机械化率（C7）	0.044
		农业科技进步贡献率（C8）	0.074
乡村治理能力（A1）	文明治理（B3）	高中以上文化程度比例（C9）	0.039
		每万人受理案件数（C10）	0.045
		村级文化站数量（C11）	0.040
		教育文化娱乐消费比例（C12）	0.044
	生活治理（B4）	农村居民恩格尔系数（C13）	0.064
		城乡居民收入比（C14）	0.052
		农村自来水普及率（C15）	0.081
		人均可支配收入（C16）	0.057
		生活信息化程度（C17）	0.048

在 17 项三级指标中，指标权重排前五名的指标依次为人均公园绿地面积、化肥使用强度、农村自来水普及率、农村科技进步贡献率和农村居民恩格尔系数。这一排名从侧面反映出，这五个方面能够较好地促进我国的乡村治理的发展。其中，生态治理中的人均公园绿地面积和化肥使用强度代表了我国乡村在生态治理方面的能力，其在指标权重中所占比重最大也与近年来我国着力构建美丽乡村有关；生活治理中的农村居民恩格尔系数和农村自来水普及率所占指标权重较高可归因于乡村振兴战略的全面实施，人们的生活水平大幅度提升；在产业治理方面，随着我国对农业现代化的持续投入，农业科技进步贡献率也在不断提升。

在指标体系中，文明治理所占比率不大，表明目前我国乡村治理在文明治理方面仍未取得重大突破。

二、乡村“治理有效”评价指标的选取

“治理有效”作为乡村振兴战略的五大准则层之一，不仅是提升国家治理能力与治理体系现代化的要求，也是推进乡村治理工作的最终落脚点。自治、法治、德治的“三治融合”是国家顶层在全面推进依法治国、创新乡村自治制度的发展过程中提出的具体要求，是基于对我国乡村治理历史经验总结和梳理而作出的重要决策。健全“三治”综合统一的乡村治理体系，为实现“治理有效”的目标指出明确的方向。因此，通过选取“自治、法治、德治”三个维度作为评价的准则层具有政策的指导意义，应在把握其中科学内涵与总体要求的基础上综合考量乡村治理的绩效水平。

（一）自治成效评价指标选取

在“三治”体系中，自治能力是引领乡村综合治理能力的核心。在中华人民共和国成立初期，“党支部领导、村代会决策、村委会办事”成为村民自治模式。随着乡村政治、经济、文化的日益繁荣，体制机制逐步被民主决策、民主管理、民主监督所取代，奠定了我国乡村治理模式的基调。近年来，大力创新“自治”载体，一方面是为了缓解村党支部、村委会的乡村治理压力；另一方面是为了充分了解民意、提高村民参与乡村治理的积极性，进而拓宽自治渠道、提升自治水平、形塑乡村自治发展的时代路径。

第一，村级乡村治理工作领导强度体现了基层党组织的领导能力，而定时召开党员大会、重要事情提交村民代表大会表决和村委选举参与率体现了民主决策

的深刻含义。

第二，成立村务监管委员会，党务、村务、财务“三公开”的透明度有效体现了民主监督。

第三，开展“三会一课”次数反映了民主管理的有效性。

第四，诸如红白理事会、老年人协会等非正式组织设立的数量，能够直观展现经济发达地区多主体参与乡村治理的力量，有效地帮助村委会了解民意，协助村委会开展相关工作，对于提升自治能力发挥了重要作用。在经济发达地区，老年人协会、村民代表大会、基层组织队伍素质较高，村民主体意识更浓厚，共建、共享、共治的意愿更加强烈。故选取村级乡村治理工作领导强度，召开村民代表大会次数，村务、党务、财务“三公开”透明度，村党支部、村委会选举参与率，非正式社会组织数量作为自治成效的评价指标。

（二）法治成效评价指标选取

“法治”是乡村治理的坚实保障，基层组织遵纪守法，并引导村民增强法律意识是提升乡村法治的重要推动力。因此，在基层治理工作中，必须遵守法治社会的要求，依法治理乡村，坚决摒弃“人治”模式，构建科学的乡村治理评价体系，注重法治的原则和标准。

第一，乡村刑事、治安案件发生次数从根本上体现了乡村的治安能力水平。

第二，加强乡村安保监管力度和开展普法宣传是乡村治理的一大特色，有力地凸显了经济发达地区的特征。乡村安保监管力度反映出村域的安全状况，开展普法宣传的次数和法律顾问人数体现了村党支部、村委会对于加强村民的法律意识的重视程度。

第三，有效调解矛盾纠纷件数体现了依法治理乡村的内涵。故选取乡村刑事、治安事件发生次数，安保监管力度，开展普法宣传次数，矛盾纠纷调解件数，法律顾问人数作为评价法治成效的有效指标。

（三）德治成效评价指标选取

“德治”是夯实“自治”与“法治”的基础。在乡村治理的过程中，要以“德治”为养分滋养乡村治理体系。在新时代，要注重弘扬和传承乡村本土的优秀传统文化，增强广大村民的认同感。

第一，乡村社会福利服务机构建设的数量反映出经济发达地区施行德治的能力水平和自发程度。

第二，开展移风易俗活动的次数体现了村民对于文化价值的弘扬力度。此外，一些地区通过文明家庭评选和组建志愿者服务队来提升村民文明素质和人文情怀。文明家庭户数体现了乡村德治的有效性，志愿者服务力度是推行德治深入人心的催化剂。

第三，乡村残疾人保障力度反映了政府与社会对弱势群体的关爱程度，也是充分体现德治的能力的一项有效指标。故选取社会福利服务机构数量、开展移风易俗活动次数、文明家庭户数、志愿者服务力度、农村残疾人保障力度作为评价德治成效的指标。

综上，乡村治理成效评价指标体系包含3个维度、15个细化指标，如表3-3-2所示。

表 3-3-2　乡村治理成效评价指标体系

目标层	准则层	指标层	指标属性
乡村治理成效评价指标体系	自治成效	村级乡村治理工作领导强度 X1	正向
		召开村民代表大会次数 X2	正向
		村务、党务、财务“三公开”透明度 X3	正向
		村党支部、村委会选举参与率 X4	正向
		非正式社会组织数量 X5	正向
	法治成效	乡村刑事、治安事件发生次数 X6	负向
		安保监管力度 X7	正向
		开展普法宣传次数 X8	正向
		矛盾纠纷调解件数 X9	正向
		法律顾问人数 X10	正向
	德治成效	社会福利服务机构数量 X11	正向
		开展移风易俗活动次数 X12	正向
		文明家庭户数 X13	正向
		志愿者服务力度 X14	正向
		农村残疾人保障力度 X15	正向

三、相关评价的分析

以上两种指标体系的构建都可以作为评价乡村治理的参考标准，相关人员可以从以上两方面出发来综合地看待、评价乡村治理。

（一）乡村治理综合测度和评价结果

按照2014—2018年各项指标的统计数据实际值，采用熵值法计算出乡村治理综合评价体系中各项指标的权重系数。

根据我国2014—2018年乡村治理各项指标的实际值，运用一定的公式计算出乡村治理及4个子系统综合发展指数，如表3-3-3所示。

表3-3-3　不同年份乡村治理各子系统发展指数

年份	生态治理子系统	产业治理子系统	文明治理子系统	生活治理子系统	乡村治理发展水平
2014	0.000 00	0.000 00	0.100 02	0.000 00	0.100 02
2015	0.036 20	0.062 44	0.092 09	0.064 02	0.254 75
2016	0.099 98	0.117 35	0.089 93	0.129 73	0.436 99
2017	0.251 66	0.178 74	0.116 66	0.236 23	0.783 29
2018	0.286 66	0.213 78	0.113 03	0.302 09	0.915 56

从表3-3-3可以看出，2014—2018年，我国的乡村生态治理、产业治理、文明治理和生活治理各子系统综合发展指数都呈现上升趋势，说明2014—2018年我国重视乡村治理，并在产业、文明、生态、生活等方面都有相当程度的提高和改善，且在2016年以后发展速度明显加快。但是，通过比较各子系统综合发展指数可以看出，文明治理方面的综合得分较低，说明我国文明发展水平对于乡村治理来说仍是一个突破口，文明治理目前制约着乡村治理的进一步发展。因此，我国在未来乡村治理建设过程中应进一步加大文明治理力度，提高农村居民与管理者的文明程度，着力提升文明发展水平。

（二）结论与讨论

第一，2014—2018年，我国乡村治理实现了大幅度跨越，农村经济和产业结构不断优化，乡村产业、文明、生态环境及人民生活都取得了长足进步，乡村贫困发生率不断下降，人民生活水平显著提高，消费水平持续提高，乡村治理水平迈上一个新的台阶。

第二，2014—2018年，我国的乡村治理及其产业治理、文明治理、生态治理和生活治理水平均有显著提升和改善，但乡村治理整体成效的短板仍在文明治理方面。因此，我国在未来的乡村治理中应进一步加大文明治理力度，补齐短板，提高管理层面素质，着力提升农村居民文化水平，持续投入村集体文化项目，以取得乡村文明治理方面的进步，进而推动乡村治理成效的整体发展。

第三，2014—2018 年，我国乡村治理各子系统耦合协调度的变化呈现不断上升的趋势，可分为两个阶段：2014—2015 年，我国乡村治理各子系统的耦合协调度处于上升状态，但一直保持在不协调阶段；2016—2018 年，我国乡村治理各子系统的耦合协调度持续提升，进入协调阶段，至 2018 年已实现优质协调。

第四章　乡村治理现代化的实践分析

本章的内容是乡村治理现代化的实践分析，主要从乡村治理的实践路径、乡村治理的案例分析两个角度进行了较为具体的论述。

第一节　乡村治理的实践路径

一、公共服务建设

（一）强化基层公共卫生体系和能力建设

1. 促使应急防控救治体系得以健全

（1）传染病防控救治体系的建设途径

第一，按计划建设符合传染病诊治布局和流程要求的应急医院。应急医院平时用于其他医疗工作，应急时腾空整个院区，用于重大疫情病人救治。应急医院建设应高起点规划，多部门合作，限节点完成。

第二，加强基层医疗机构发热门诊、诊室规范化建设，满足传染病人初诊初筛要求。建立社区疫情防控管理组织，推行社区服务管理一体化。预备大型公共设施，作为重大疫情高发期方舱医院、隔离观察点，建设预留区域，用于隔离观察或轻症病人收治。定向招录专治医生，从事医院传染病防治工作。

第三，建立医联体集团，医联体内医务人员采取“县管乡用”模式，招录后必须在医联体乡镇卫生院工作满一定年限，推动乡镇卫生院人才队伍良性循环。

第四，将社区医生管理列入政府购买服务序列，采取“镇管村用”模式进行公开招考，彻底消除社区医生后顾之忧，稳固社区医生队伍。探索“能上能下”激励机制，激发医务人员工作积极性，提升医疗技术水平。出台相关政策，鼓励医务人员下基层工作或参与基本公共卫生服务项目。

第五，建立民营医院医务人员志愿者队伍，发生重特大传染病疫情时可紧急招募。合理调配人力资源，优先保障发热门诊和隔离场所等重点区域诊疗需求，缩短医务人员可能暴露的时间，避免过度疲劳。开展心理辅导和咨询服务，关心医务人员身心健康。

（2）提升传染病防控救治应急能力的途径

第一，逐级夯实医疗机构责任，切实将感染控制要求落实到临床诊疗和公共活动各环节。鼓励应用人工智能、大数据分析、远程医疗等技术，提供网上预约和远程医疗服务。做好医务人员健康监测，强化其感染控制意识，提高其感染控制能力。增加监管部门、纪检监察部门督查指导频次，发现感染控制事件，一查到底。优化预防接种、核酸检测等大型活动组织管理，合理布局活动现场，切实落实常态防控措施，杜绝医源性感染。

第二，强化传染病防控救治市县联动。市级层面应急储备2~3台PCR移动方舱实验室，以应对疫情突发情况开展现场快速检测；同时，成立应急采样检测队伍，快速参与全员采样检测工作。建立应急救治联动机制，对县（市、区）传染病救治能力进行评估，确定传染病人分流标准，制定病人分流救治应急预案；同时，在各县（市、区）开展区域医疗机构考查评估，建立康复定点医院储备库，用于治愈出院者的康复管理。

（3）提高传染病防控救治保障水平

第一，加大基层医疗卫生机构投入力度，增设传染病防控工作专项经费。

第二，政府统一采购防护物资和检测试剂，满足医疗卫生机构防控需求。

第三，落实卫生防疫工作补助专项经费，足额预算乡镇卫生院医务人员经费、社区卫生服务中心医务人员经费。

第四，科学编制防控专项考核细则，及时发放防控津贴、应急加班补助和隔离场所等人员工作补助，确保经费定期发放到位。

2. 促使高质量疾控体系得以夯实

（1）进一步推进镇村“一体化”管理

第一，以新一轮医改为主线，厘清乡镇中心卫生院和卫生所职能，理顺镇村管理体系，重新核定驻镇卫生所人员编制，负责辖区医疗机构管理、卫生监督、督查职业病防控等工作。

第二，明确乡镇中心卫生院承担镇村一体化管理职责，领办村卫生室。对村卫生室实行“六统一”管理，设立预防保健科，承担基本公共卫生服务，负责儿童计划免疫、儿童保健、妇女保健门诊等工作。

第三，建立相应机制，明确乡镇中心卫生院预防保健科人员配备比例，工资待遇总体水平不低于医院医疗技术人员平均水平，对承担家庭医生签约服务等建立奖励机制，允许突破绩效考核总量，调动医务人员积极性。

（2）进一步推进“医”“防”深度融合

第一，按照“合理设置、分步推进”原则，加快推进各地疾控分中心建设，厘清分中心职能定位和管理方式，并推进分中心实质化运行。各镇分中心主要负责辖区内传染病、寄生虫病、地方病、非传染性疾病疫情监测报告、流行病学个案调查、疫点消毒和疾控具体工作。各医院分中心主要负责医疗机构门诊、住院疑似及确诊传染病疫情信息收集、核实、报告，以及医疗机构疾控具体工作，参与突发公共卫生事件应急处置。

第二，坚持“医卫联合，预防为主”，构建县级龙头医院和社区卫生服务中心、乡镇中心卫生院及疾控中心等机构“联通协作”共同体，共同推进“以预防为主，降低发病率”目标的实现。

第三，明确界定公立医院的公益型导向，将传染病学科的良性发展纳入公共卫生体系。改革财政拨款机制，在收费标准和财政补贴综合调控措施下，引导医院经费向感染科等公益性科室倾斜，加大投入力度，完善财政补助机制。

第四，推进公共卫生信息系统与医疗卫生信息系统的互联互通，通过大数据监测分析，针对不同人群开展相关健康宣教、疾病干预，推进疾病预防、医疗救治和疫情防控的智能化、信息化。加强医院疫情防控平台建设，增强基层医疗机构特别是基层医生的传染病防治意识，发挥传染病监测网点作用。

（3）进一步实施医疗卫生人才发展战略

第一，进一步解放思想，通过务实、灵活的政策倾斜用好现有人才、留住人才。

第二，落实政府领导责任和保障责任，由政府牵头，各职能部门、基层医疗机构共同商定人才队伍建设的发展目标。

第三，坚持人才引进和培养并重的原则，对基层机构人才进行规范性、针对性培养，全面提升人员综合素质和能力。

第四，继续探索和强化医学院校公共卫生专业毕业生引进激励措施，加快解决疾控中心、卫生所人员紧缺问题。按人口1‰～1.2‰的比例足额核定乡村医生编制，将乡村医生编制纳入乡镇卫生院管理。继续有计划地定向培养愿意到基层工作的医学生。

第五，保证村卫生室建设维修、公用经费、各项保险费用，保障乡村医生待遇不低于乡镇中心卫生院医疗技术人员平均水平。

第六，在绩效考核上适当倾斜，鼓励乡镇中心卫生院医务人员到村卫生室坐诊。

（二）加强养老保险制度建设

1. 做好制度设计

（1）完善法律支撑体系

第一，在中央立法层面，中央有关部门应出台相关文件。全国人大常委会可针对农村养老保险制度当前面临的问题，制定有关法律法规。基于此，国务院应拟定相关条例作为补充，将农村养老保险制度内容进一步细化，具体可从总则、保障范围、基金运作模式等方面着手。

第二，在地方立法层面，各地方政府可依据当地实际情况，出台适合本区域发展的地方性法律法规。

（2）优化农村养老保险监督机制

第一，政府应加快出台一些与农村养老保险制度密切相关的部门规章；同时，对相关行业、各级部门监管机构职能定位进行详尽的分工规划。总体思路是：审计职能部门应按期对农村养老保险养老金运用和筹集情况进行审查；监察部门应对农村养老保险基金管理与行政部门开展抽查监督；社会各种媒体可以充分发挥自身追踪报道功能，提升农村养老保险信息透明度，履行社会监督职能。

第二，部分经济条件较好的地区可考虑开设农民社会保险经办机构试点，让农户参与一线管理工作；与此同时，推进政府信息公开举报投诉机制落实，并围绕农村养老保险专门开设投诉版块，形成社会监督机制。

（3）设计激励性缴费机制

针对农民参与意识偏弱的问题，相关部门可通过设计激励性缴费机制予以优化。通常情况下，一次性缴费机制会促使参保人产生较强的抵触心理。政府可选择更为灵活多变的缴费模式，使参保人从心理层面上更容易接受。另外，相关部门可施行长缴多得激励机制，从时间维度上给予参保人一定激励；依据各地区实际经济发展情况，经由中央及地方财政部门对于限定年龄层的参保人实施养老金奖励机制。这样一来，将在很大程度上鼓励农村适龄及高龄农民持续长时间缴费。

2. 健全资金保障机制

（1）健全资金筹集机制

政府应提前做好预算、征地补偿金相关安排，推动农村养老保险制度顺利实施，促使社保效用发挥到最大，真正保障农民生活水平。例如，各地政府可依据不同地区实际发展状况筹集资金，然后从已筹集资金中扣除部分管理费进行二次投资运作，再提取出部分资金作为农村养老保险基金。另外，地方政府可以在农村建立农民专业合作社，并不断扶持一些乡镇企业扩大发展，以为参保人日后在合作社中获得一定额度的集体资金补助提供保障。

（2）健全资金运营机制

第一，有关金融机构应不断完善参保人个人账户信息的电子化管理。随着近些年农村人口流动性越来越强，以及互联网技术和信息技术不断发展，农村养老保险参保人的账户实现信息化管理将为农民查询信息提供更大便利，会进一步提升有关部门处理农村养老保险相关事项的效率。基于此，政府要不断加强对参保人个人账户信息安全的保护，提高重视程度。

第二，中央政府需要逐步延展统筹规模，强化上级政府部门对于资金的统筹力度。为加快实现“全国统筹”，中央政府需逐步介入，协调资金管理、技术规范，以推进农村养老保险资金机制的健全。

第三，地方政府应制定一套规范农村养老保险资金运营的条例。例如，依据各地实际设置专门的养老基金管理机构、招聘有关专业人才对资金运营进行专业化管理。设置相关条例可以确保农村养老保险资金在事前、事中、事后的运营过程中实现保值或增值，进而提高对参保人的保障水平。

（3）健全资金长期投资机制

政府部门在长期运营管理农村养老保险时，应建立健全资金长期投资机制，保证养老基金长期可供应。政府与保险机构应发起农村养老保险资金储备与后期调用的长期匹配工作，明确吸纳投资目标，着眼于资金长期保值增值，落实资金长期分配比例。与此同时，政府应针对农村养老保险投资做好绩效考核，关注投资主体短期与长期业绩，疏通长期投资规划。在此基础上，政府应坚持长期投资理念，采用财政优惠措施，利用农村养老金长期特征，吸引相关投资主体展开投资，全面提升资金稳定性、可持续性，为居民享受养老保险提供长期保障。

3. 精准实施和规范农村养老服务的需求管理

首先，要通过一定的评估标准和规范，做到评估需求、识别需求；其次，要通过一定数量的资金、服务人员、养老设施、养老补贴、家庭补贴等，做到保障和满足基本需求；最后，要通过相应的政策和制度安排，合理地引导需求。从需求管理角度看，实现农村养老服务供需均衡最重要的工作是评估农村老年人的养老服务需求，改善农村老年人的需求表达机制，对需求进行评估和分类，确保农村老年人养老服务的基本需求信息传达到供给方，同时对农村老年人急需的资金、政策、照护人员进行科学的统计分析，为农村养老服务供给的准确性、有效性打下坚实的基础。相关部门应对农村老年人养老服务需求情况进行需求调查和评估。不同健康状况的农村老年人对养老服务的需求是不同的，需求强度也是不一样的。因此，应对农村老年人的需求按照健康等级进行划分，实行分级管理，投放不同的养老资源，给予不同的养老津贴，供给不同的农村养老服务。在对农村老年人养老服务需求情况进行需求调查和评估时，应考虑经济发展水平的地区差异，制定相应的标准。在此基础上，制定"精准分级服务"的评估规范和管理标准。

4. 利用金融科技提升业务便捷性

（1）加强数字金融技术普及教育

针对农村养老保险长期运作目标，相关部门需坚持以人民为中心的理念，采用线上与线下相结合的方式，开展数字金融宣传活动，促使广大农民对各类数字金融技术应用平台的认知不断加深，提升农村居民养老保险业务开展的便捷性。一方面，在农村养老保险服务站内部，管理人员应加大关于养老保险的新媒体信息投入，提高居民对微信、支付宝等平台的了解与应用程度，促使其全面了解有关农村养老保险的信息；另一方面，乡镇级政府或保险机构应在关联平台发布农村养老保险相关政策、新闻及防骗措施，并上传在农村宣传金融诈骗的各类知识与案例，提高广大农村居民的风险防范意识，使得居民可在安全的金融环境中享受便捷服务。

（2）完善农村金融组织建设

第一，积极完善城乡保险组织体系。地方政府应有序建设以保险业为主的城乡金融组织体系，完善区域保险组织机构建设结构，为居民应用新型金融科技软件提供基础服务。

第二，推进农村保险服务组织建设。政府应通过支持和引导积极鼓励保险公司在农村地区设立专门服务机构，并辅以配套设施，做好各类养老保险应用软件实地讲解的准备。

第三，深耕农村居民保险运作模式。政府需鼓励保险公司、银行与科技企业形成合力，匹配农村居民应用实际，丰富农村居民金融科技应用产品，推动有关农村养老保险新型技术软件的高效应用。

（3）创新适老化金融技术服务产品

受限于种种原因，农村居民在匹配养老保险各项业务过程中，面临严重的技术应用不畅问题，这在一定程度上增加了农村居民养老保险业务的开展难度。因此，政府、保险公司与研发机构间应建立长期战略合作，构建农村居民金融信息反馈平台，形成农村居民养老保险信息反馈机制，搜集居民实际应用需求。在此基础上，针对农村居民实际需求，开发适老化应用软件，创新适老化金融技术服务产品，提升居民对各类养老保险软件、小程序的应用能力。此外，立足于居民长期应用实际，政府部门应注重农村地区通信基础设施的建设，提升居民使用宽带与网络的比例，进而提高保险业务办理效率。

5. *多层次升级运作模式*

（1）强化农村养老保险的普适性宣传

第一，地方政府部门应采取多元化形式，广泛宣传农村养老保险制度。在具体的实行过程中，可通过不定期举行座谈会、倡导党员干部积极下乡开展演讲等方式，将农村养老保险制度的总则方针、目标、运营管理模式传达至每个农民，使农村养老保险制度宣传实现全覆盖。

第二，地方政府部门应强化对农村养老保险制度管理机构工作人员的业务培训。村干部应以身作则，熟悉政策要求，做到将农村养老保险制度有关内容表述清楚、透彻，充分发挥带头引领作用，帮助农民树立正确的参保意识和社会保障概念。

第三，地方政府部门应关注农民切身利益。一方面，地方政府部门应加大对农民教育的资金补贴力度，鼓励农民主动接受各项技能教育，提升农民受教育水平；同时，政府部门应完善多媒体建设、教师配置等教育配套措施，为农民提供良好的教育环境。另一方面，地方政府部门应积极组织开展文化下乡活动，在村阅览室放置宣传手册，组织农民共同学习农村养老保险政策，形成良好的文化学习氛围，使农民切实感受到农村养老保险制度的优越性。

（2）注重发挥农村养老保险经济功能

各地区实施农村养老保险制度的具体内容和实施条件应符合当地社会经济发展的实际情况，让农村居民切实体验到参保能够带来的经济收益。以经济发展水平较为落后的区域为例，地方政府部门应大力挖掘当地特色产业，以产业带动经济发展，形成“政策支持 + 产业扶持”的特色养老模式，夯实居民养老保险制度运作基础。若地区农村养老保险制度推行获得了一定成果，当地政府应立足于特色产业发展优势，鼓励关联产业与保险机构建立合作，形成契合农村居民养老保险制度推行的模式，深耕区域农村养老保险制度运作基础，为居民养老提供多方位保障。另外，针对一些从事农业生产的农户，政府应将农村养老保险制度缴费方式、收益模式等与农业生产经营联结，在提高农户农业生产收益的同时，提升农村经济社会发展水平。

（3）提高养老金风险管理能力

第一，有关部门应转变旧的管理理念，对市场利率、人口增长率、通货膨胀率进行深入研究，预测未来三年内农村养老保险可能产生的资金收支；同时，相关部门要逐步强化对农村养老保险资金待遇支付的模拟测算与试行，以此为政府部门预留出足够的安排准备金的时间，从而提升政府部门对于资金投入的研判及测算能力，以及对于突发情况的解决能力。

第二，社保部门应同财政部门搭建中长期科学论证机制，设置合理的财政风险预警线；通过妥善解决收支矛盾，全方位综合考量农村养老保险收入增长压力与财政支出需求间的增长速率，设置合理的农村养老保险财政支出标准上限，形成科学、有效的财政风险预警机制。

（三）加强文化服务建设

随着经济的发展，村民有了更多的精神文化需求，进一步树立文化自信也需要相关部门提供更多的文化服务。然而，由于缺少法律条例的强制规定，文化供给的不均衡问题一直存在。例如，城市博物馆、图书馆众多，但在广大乡村，文化设施并没有完全普及，只有村级农民书屋等。从市场逻辑角度来看，大多是因为乡村经济和文化土壤不够深厚，难以支撑文化设施的运营。

文化供给不能完全任由市场做主、任由经济水平决定。这是公共文化需要出台相关条例的重要原因：文化有产业属性，更有事业属性。经济再落后的地方也要保护当地文化，当地的人也有享受文化的权利，甚至更应该为他们提供稳定的文化设施，让他们能够浸润在文化中，润物细无声地实现乡村文化振兴。

实现公共文化服务的全民共享，首先要认定“为谁服务”。实现全覆盖，就不能仅仅依靠通过推进全民阅读、推行法治文化等方式增强公共文化服务的可及性，还要关注一些薄弱环节和关键群体。从年龄段划分，“一老一小”尤其要受到关注。“一老一小”的幸福指数关系全社会的信心和未来。尤其在“三孩”政策、“双减”、老龄化等政策和形势叠加的情况下，只有提供更加丰富的、有针对性的公共文化服务，丰富“一老一小”的精神文化生活，才能既从容应对老龄化社会、提升老年人幸福感，又能让下一代多元化发展，实现人的全面发展。而从地区划分，乡村一级的文化设施普遍薄弱，同样要受到重点关注。

实现公共文化服务的全民共享，关键看落实。笔者曾经在一个比较典型的川北乡村中发现，当地的图书馆等文化设施更新少、维护少、吸引力低，关键是因为乡村缺少足够的力量去维护和管理文化设施。缺少执行力量，成为将公共文化服务完全渗透入千家万户的主要阻碍。为此，相关条例明确规定了公共服务的管理单位、社会参与、保障措施和法律责任。文化可以包罗万象，调动、聚集各方力量进行公共服务也将更加有力。例如，举办一些品牌下乡活动，号召行业人士组织志愿者联盟，促进城市与乡村文化交融联动……打造好平台，让更多人无阻碍地投身文化事业，相信中国大地上如此丰富多彩的文化，也一定能联结起更多有识之士，将文化发扬光大，让文化带给更多人力量。

文化发展的目的在于人民，文化发展的动力来自人民，文化发展的成果由人民共享。加快构建现代公共文化服务体系、促进基本公共文化服务标准化均等化，实现公共文化服务的全民共享，事关发展动能，事关民生福祉。期待全社会行动起来，让更高效、更丰富、更精彩的文化生活为每个人注入信念和力量。

二、加强基础设施建设

（一）加强基础设施建设对于乡村发展的意义

现阶段，我国经济发展的短板之一仍是农村经济发展乏力，原因主要是农村基础设施建设不足，其中传统基础设施建设差距明显。

截至 2020 年底，我国已经全面完成脱贫攻坚任务，进入小康社会，从 2021 年开始推动和实施“十四五”发展规划，迈向全民共同富裕新阶段。同时，国际社会百年未有之大变局使国内外形势发生重大变化。我国已经调整经济发展重点和经济循环模式，由过去多年的以参与国际经济循环为主，转变为在新形势下以畅通国内循环为主体、国内与国际“双循环”相互促进的新发展思路和模式。相应地，相关部门对作为发展动力“三驾马车”的重点结构也进行了调整，转换为继续高质量扩大开放，但以国内消费与投资为主的动力结构模式。显然，在新形势下，应着力解决经济发展不平衡、不充分的问题，如继续推行乡村振兴战略，推动农村农业现代化，从而畅通国内外循环，必是“十四五”时期的发展重点和关键。

基础设施推动经济增长主要体现在以下几个方面：

第一，改善农村基础设施条件，可以带动农业生产专业化、规模化、高效化、精细化。

第二，农村基础设施建设的改善，能够有效加强交通的通达性，降低农产品运输的成本，进而降低交易成本。

第三，交通、网络等基础设施的发展减少了因信息不对称而带来的寻找的盲目性，降低了寻租成本和交易成本。

第四，水利和电力基础设施的发展可直接有效改善农村居民的生活条件，促进减贫，防止复贫，还有助于缓解生态环境污染等。

第五，政府和企业投资基础设施，可使居民直接开支减少，有更多的剩余资金进行消费和投资，间接促进经济增长。

加大对交通基础设施的投资，能够有效降低农产品运输成本，进而有效提高农产品的市场竞争力；增加对农村各项基础设施的投资，能够有效提高整个社会获取收益的能力，直接有效地拉动农业生产总值增长。一些著名学者的理论观点对此都给予了支持。著名发展经济学家华尔特·惠特曼·罗斯托（Walt Whitman Rostow）认为，基础设施建设投资对于社会发展至关重要，是整个社会变革和促进经济稳定增长的前提；约翰·梅纳德·凯恩斯（John Maynard Keynes）在其创立的“乘数原理”理论中指出，投资变动给国民收入带来的影响要比投资本身变动更大，这种变动往往是投资变动的倍数，基础设施投资增加会带动相关产业部门产出增加，从而增加相关联产业的就业机会和收入，并进一步刺激消费水平的提升，增加相关部门劳动者的就业机会和收入，如此就会进一步促进基础设施投资增加，最终引起国民收入的成倍增长。

在以往的文献中，学者还特别重视基础设施建设的另一重要作用，即通过农村基础设施建设进而推动经济发展，可以直接促进国民经济平衡增长，更好促进全民公平。有学者研究发现，对农村基础设施的投资，尤其是对水利、交通、水电等基础设施的投资，能够起到良好的减贫效果，缩小居民收入差距。另有学者认为，农村居民消费水平与农村基础设施完善程度有很大关系，提高农村消费水平并缩小城乡居民消费差距的首要措施应当是促进农村基础设施的完善。还有研究发现，农村居民人均收入水平与农村基础设施投资之间存在较强的正相关关系。因此，农村基础设施投资通过影响居民收入和消费支出，必定会进一步制约城乡间居民收入差距的变化。

那么，如何在“十四五”规划实施中确定我国基础设施建设领域的重点？2021年，党和国家明确强调“全面推进乡村振兴，加快农业农村现代化”，其中特别强调继续把公共基础设施建设的重点放在农村，包括继续发展公路畅通工程、供水保障工程等传统乡村基础设施，也涉及数字乡村、智慧农业等“新基建”工程。已经开始实施的“十四五”规划中确定的“两新一重”建设重点任务已经明示，在推进和实施国内外双循环战略时，在投资方面的方针是同时推动传统基建和“新基建”：一是要加强新型基础设施建设，发展新一代信息网络等助力产业升级；二是要加强新型城镇化建设，大力提升县城公共基础设施和服务能力，以适应农民到县城就业安家需求；三是加强交通、水利等重大传统基础设施工程建设，增加国家铁路建设资本金等。可见，在国家总体战略及乡村振兴规划中，投资建设新旧基础设施的方向是很明确的。

（二）“新基建”配套传统主体基础设施

“新基建”是补齐社会发展短板及推进社会经济实现高质量发展不可或缺的有力工具；同时，对于提升我国在世界舞台、全球产业链和价值链当中的地位更是不容忽视的重要组成部分，对于持续释放地区发展潜能意义重大。如今，农业政策性机制是我国在振兴乡村经济方面存在的突出短板，我们应当全力支持乡村振兴“新基建”建设，并发挥其重要作用。

1. 创新“新基建”支持领域

政府部门应当充分结合乡村“新基建”具体涉足的领域，持续加大投入力度，有效拓展“新基建”支农范围，并且开辟新的支农“蓝海”。政府部门还应当全面支持乡村地区信息基础设施方面的建设，有效提升乡村地区基础设施数字化建设水平。比如，支持乡村地区种植业、畜牧业等农业生产经营领域实施数字化改造；全力支持“区块链＋农业”及5G技术、人工智能等新技术应用到基础建设当中，不断创新关键技术装备；持续加大对农业农村云平台、大数据平台的建设，健全农业农村政务信息系统等，为促进乡村振兴提供支持。

2. 创新“新基建”支持模式

相关部门应该进一步强化对农村信贷业务发展模式的创新力度，在持续推广并且应用企业自营、供应链金融及PPP、TOT等模式的过程中，紧紧围绕广大客户的真实需求，尤其是要在政府增信、产业链金融、土地利用和优质客户等多个方面做足文章，持续创新并且丰富具体的业务模式、服务手段和金融产品。同样，相关部门要积极探索新型贷款、保险、股权、债券和基金等诸多联动方式，从而实现对物资流、资金流和信息流等做出有效控制和闭环管理，为促进其发展提供完善的融资解决方案，尤其是要在投资、贷款、债务、租赁和保险等多个领域形成组合，全面提升服务乡村振兴“新基建”的能力。

3. 创新“新基建”合作模式

第一，加强银行和政府之间的合作。银行要当好金融顾问的角色，积极参与农村地区“新基建”的政策制定和项目规划，为地方政府提供更高品质的融资咨询业务服务；同时，要统筹谋划各个项目融资主体、资金来源、信用结构和融资模式上的创新，要把地方政府视角建设的“投资项目库”积极转化为金融发展视角下的“融资项目库”。

第二，持续抓好银行和企业之间的合作。相关部门应进一步强化对乡镇企业的金融辅导。比如，可以采取“一企一策”和“一问题一方案”的做法，实现直接和间接融资并重及表内和表外融资充分结合的方式，进而帮助地方乡镇企业确立与其发展战略规划相匹配的融资方案。

第三，加强同业合作。相关部门应持续深化和国家政策性银行、保险企业商业银行、投资银行和担保机构展开的深度合作，持续健全“政策性银行＋担保＋商业＋保险＋基金”的多举措、多渠道融资方式。

4. 创新“新基建”支持主体

在具体的投入模式方面，农村“新基建”应当主要采取“以市场主导为主，以地方政府引导为辅”的发展模式，积极引入社会资本投资。所以，应当支持央企、国企，以及技术、通信、创新类先进企业加入农村“新基建”发展领域，并发挥其作用。相关主体应持续挖掘我国优质民营企业的力量，尤其是当地优质企业，广泛融合各大优势资源，凝聚各方力量，全面推进乡村振兴“新基建”建设。

（三）完善传统基建并兼顾新基建

从我国今后的长期稳定发展考虑，尤其是在克服城乡“不平衡、不充分”发展、进一步缩小城乡差距、推进全国一元经济发展的角度，农村仍应该以解决传统基建投资领域存在的问题为主，以新基建投资为辅。当然，城镇中的新基建项目可能要更多，但应切实避免只顾在城镇追求“高大上”的新基建，而忽视或遗忘我国农村地区传统基建还存在很多问题并有很大缺口的现实，避免扩大城乡发展的不均衡。

1. 发展农村，特别是落后地区常规基础设施建设

发展农村地区常规基础设施，首先要着眼于短板问题最严重的地区，即必须加大力度投资农村落后地区的基础设施建设，使基础设施由城乡一体化的障碍，转变为融合城乡发展的保障，从而提高城市主动参与农村基础设施建设的积极性；同时，加大力度补齐农村基础设施建设的短板，围绕建设美丽乡村目标，完善农村地区的水、电、交通、通信、物流等基础设施建设，推动农村地区形成产业布局合理、城乡互补、协调发展的基础设施体系。

2. 发挥政府在农村常规基础设施建设中的主导功能

一般地说，农村传统基础设施属于具有明显正外部效应的公共产品，单凭市

场难以解决农村基础设施建设所存在的问题，因此，应该发挥政府在农村基础设施供给上的主体地位。我国农村的经济发展阶段和水平决定了难以单靠农民自身和社会力量解决农村基础设施建设资金问题，对脱贫后的农村地区更是如此，政府必须加强投资支持力度。例如，对一些农村地区水库及电网的建设，可以通过地方政府财政资金划拨投资机制，以保障水、电建设的效果；各级政府可以根据新农村建设的实际需求来制定政策规划，做出科学合理的布局；各级政府要对由利润导向的各种新型基础设施进行建设，履行相应的管理和监督职能，借助国家的权力建立完善的管理体制，提高农村基础设施的供给效率和使用效率。此外，政府管理的公共性，能够为新基建的发展提供良性的投资环境和可行的政策支持，提升企业向农村投资的积极性，或形成以政府投资引导为主的多元化、多渠道的投资模式。

3. 发挥国有企业的中坚优势

国有企业是中国特色社会主义的重要基础。国有企业承担着落实国家战略的任务，其性质和背景决定了其在统筹各类资源、促进农村发展、获取政策支持和融资贷款等方面都具有优势。其不单纯追求自身利润和短期收益的特点表明，国有企业可能更多地以农村发展大局为重，以解决农村存在的问题为着力点，更加注重社会效益，更有力地促进农村经济的发展。国有企业能够通过资金、实体、设施项目等扶持农村经济短板，缩小城乡收入差距，其中最为普遍的方式是对农村予以资金和实物投入，规模大、见效快。今后，新农村建设仍应发挥国有企业优势，加快完善农村不同地区交通、水利、电力等传统基础设施建设，大力改善农村生产、生活条件。

4. 引导民营企业投资农村基础设施建设

在继续发挥国有企业中坚力量的同时，今后城乡基础设施的建设也应当更加重视和引导民营企业进行投资，关键是要保证民营企业投资的收益和安全。今后，我国农村基础设施建设方面问题的解决，也不应该只由政府“唱独角戏”，而更应该由政府、企业与其他社会力量合作完成。

今后，国家应当进一步放宽私有企业准入条件，促其与国企平等竞争，并保持其独立运作，同时制定政策保证其经营利润，引导其参与农村新基建建设。基于此，吸引城市地区人才流、信息流和资金流，反向转移到农村地区基础设施建设中，打破城乡二元经济结构壁垒，有利于缓解农村人口分散的问题，促进基础设施建设并改善农村居民生活居住环境。而大量农村内生民营企业的发展，更能够扩大农民的就业，带动农产品深加工、扩大农村市场，促进乡村娱乐、餐饮、运输、教育等产业的发展，增加农村欠发达地区收入，提升新时代农民素质。近些年，许多民营企业家都产生于信息化产业，在网络通信、数字化和人工智能等领域有其自身的优势，故而对接“新基建”在农村中形成新引擎，民营企业很可能发挥出巨大的推动作用。

5. 鼓励和支持农村集体共建共享基础设施

农村的广大居民是农村基础设施最直接的受益群体，因此国家应当出台更多针对性政策，鼓励村委会充分发挥其基层作用，引导号召村民集体组织和个人参与到部分基础设施项目的管理和建设中来，本着谁出资谁受益的原则，推行“集体及个人出资，集体建设，集体及个人共享”的运作机制，形成推动农村地区基础设施建设的一个重要力量。

三、产业治理

（一）拓展农业多种功能

农业农村部印发了《关于拓展农业多种功能 促进乡村产业高质量发展的指导意见》。该文件明确，到 2025 年，农业多种功能充分发掘，乡村多元价值多向彰显，优质绿色农产品、优美生态环境、优秀传统文化产品供给能力显著增强，粮食产量保持在 1.3 万亿斤以上，农产品加工业与农业的总产值比达到 2.8 ∶ 1，乡村休闲旅游年接待游客人数 40 亿人次，年营业收入 1.2 万亿元，农产品网络零售额达到 1 万亿元。

该文件指出，在确保粮食安全和保障重要农产品有效供给的基础上，贯通产加销、融合农文旅，促进食品保障功能坚实稳固、生态涵养功能加快转化、休闲体验功能高端拓展。

该文件提出以下三项重点任务：

第一，做大做强农产品加工业。发挥县域农产品加工业在纵向贯通产加销中的中心点作用，建设标准原料基地、构建高效加工体系、集成加工技术成果、打造农业全产业链、创响知名农业品牌。

第二，做精做优乡村休闲旅游业。发挥乡村休闲旅游业在横向融合农文旅中的连接点作用，保护生态资源和乡土文化、发掘生态涵养产品、培育乡村文化产品、打造乡村休闲体验产品、提升乡村休闲旅游水平、实施乡村休闲旅游精品工程。

第三，做活做新农村电商。发挥农村电商在对接科工贸的结合点作用，培育农村电商主体、打造农产品供应链、建立运营服务体系、强化农产品质量监管。

该文件强调，要加强组织领导，各省（自治区、直辖市）建立统筹协调、多方参与、分工协作的推进机制。一是搭建平台载体，将现有的农业产业融合项目等与拓展农业多种功能有机衔接，建设拓展农业多种功能先行区，开展拓展农业多种功能量化评估；二是培育壮大龙头企业，扩大龙头企业认定范围，培育行业头部企业；三是完善配套政策，落实落细财税、金融、用地等方面的政策；四是强化指导服务，持续改善营商环境，加强乡村基础设施建设，建立乡村企业“人地钱货”直通车服务平台；五是筑牢科技和人才支撑，引进一批科技人才，培育一批企业家人才，扶持一批创业人才；六是加强宣传推介，开展农业多种功能科普宣传，解读产业政策、宣传经验做法、推广典型模式，营造良好舆论氛围。

据统计，2020 年我国农业总产值为 10.7 万亿元，农产品加工业营业收入 23.2 万亿元，其中食品加工业营业收入 12 万亿元，占比超过 50 %。休闲农业、农林牧渔专业及辅助性活动、农村电商等营业收入超 3 万亿元。

（二）互联网和乡村产业融合

随着乡村振兴发展战略的不断推进，乡村产业融合模式也日益成熟，依托大数据时代背景将“互联网 +”与乡村产业融合将是未来我国乡村的发展趋势。由于受到农民自身水平有限、相关金融扶持力度薄弱和产品品牌效应不足等因素的制约，乡村“互联网 +”产业融合项目受阻，因此，治理内部障碍、财政障碍和市场障碍将是乡村振兴视域下“互联网 +”产业融合的长效治理机制分析的重点。

乡村第一产业、第二产业、第三产业融合是实现乡村振兴、推进城乡一体化进程的重要举措。随着乡村社会的不断进步，传统的产业融合模式已经无法满足现代化乡村发展的需求。因此，乡村电子商务成为转变农业发展方式的重要手段，可见“互联网 +”理念在乡村产业融合过程中具有重要作用。在全国已经完全消除绝对贫困的时代背景下，利用互联网平台促进乡村产业融合、加快乡村振兴步伐的任务已经迫在眉睫。

1.“互联网 +”产业融合的逻辑困境

（1）内部要素：农民素质水平受限

大部分农民教育文化水平低、职业技能水平弱，导致其无法快速融入日益变化的大数据时代。这部分农民或是选择远离家乡进入城市劳动市场，一旦市场需求过度饱和，就会面临被辞退的风险；或是留在家乡成为乡村振兴建设的主力军，但是，一旦引入新时代“互联网 +”产业融合模式，也会因自身素质水平受限而被资本市场淘汰。除此之外，农村劳动力向城市转移，虽然在一定程度上达到了劳动力结构置换与经济结构重组的发展要求，却也因此带来了农村“空壳化”、农业“空心化”等现象。由于劳动力的转移对象多为青壮年，农村剩余人员以妇女、儿童、老龄人口和就业困难的特殊人群为主。在新农村建设形势下，依靠传统农业农村劳作方式不再奏效，而农村留守人员由于缺乏创业观念，以及与市场发展之间存在的信息不对称而错失许多发展良机，给开展“互联网+”现代农业与引入市场资源进入农村带来了极大的阻力。由于缺少具有先进意识的领头人物及具有奉献精神的员工，新的乡村融合产业无法建立，而已经存在的产业也得不到良好的发展。因此，提升农民自身素质、培育技能劳动者，是升级经济市场结构、发展乡村“互联网+”产业融合的重要前提。

（2）财政要素：金融扶持政策薄弱

乡村“互联网+”产业融合的发展需要与之匹配的基础设施和金融扶持政策。要建立全产业链、全价值链一体的线上与线下产业模式，政府与市场资本需要向农村投入大量资金以实现产业全方位运转。对于政府组织来说，基础设施的投放尤为重要。然而，在国家公共预算支出有限的前提下，城市具有优越的地理位置、稳定的经济架构和合理的产业模式，使得一切社会资源不可避免地呈现向城市倾斜的趋势，无论在教育、文体、医疗等非生产性基础设施方面，还是在电力、网络、道路等生产性基础设施层面，农村的资源获取能力都与城市存在差距，因此大量乡镇仍存在基础公共设施不完善的情况。对于市场资本来说，农村区域作为我国金融体系最为薄弱的地区，仅依靠国家公共支出远远不能满足创业者的财政需求，面对国家对于新农村建设的招商引资号召时，市场并没有承担起其应负的社会责任，并不愿意将资本转移到农村，致使农村资金链断裂，“互联网+”产业融合模式无法在农村顺利开展。

（3）市场要素：产业品牌效应不足

乡村“互联网+”产业融合模式应该根据不同地域的资源禀赋和产业基础，因地制宜，发展县域品牌特色产品。目前，尽管有许多乡镇依靠网络的传播力量形成部分信誉品牌，但是这类品牌仍然具有知名度不高、影响力不够等劣势，导致产品受众范围过小，难以形成品牌效应。当地特色农作物产品的商业价值被严重低估，一些优质农产品无人问津。除此之外，由于受到资金、设备、人力等因素的制约，大多数农村个体产业链并不完善。这类产业往往因为规模小、设备差、效率低、卫生不过关等问题而无法适应当前规模化集成生产的特性需求，从而无法从市场获利。还有一些乡镇龙头企业，由于受到传统经营模式或家族企业制的影响，规模较小且影响力不足，社会资本难以运作或运作效率极低，企业与农户之间的利益联结机制薄弱，企业的经济效益未能覆盖到农户，产业融合模式未能从根本上实现助力乡村振兴的目的。

2.“互联网+”对乡村产业重构的驱动效应

（1）“互联网+”的间接驱动效应

“互联网+”对乡村产业重构的间接驱动效应主要体现为信息化渠道的拓宽。

第一，“互联网+”对于乡镇企业和乡镇特色产业的消费市场预知、风险防控系数提升、潜在合作平台构建、相关时效政策信息利用等都会带来很大程度上的便利。

第二，互联网平台在信息畅通的同时，也会潜移默化地影响乡村产业生产者与参与者的生产理念，乡村产业行为主体相较于以往可以更加轻松地获得生产技能培训和前沿生产知识。

第三，在便利的信息获取条件下，乡村产业行为主体能够更好地接触、获得、收集、处理信息，以达到调控自身生产活动、规避市场潜在风险等目的，从而从侧面驱动乡村产业进行重新建构。

（2）“互联网+”的直接驱动效应

“互联网+”对乡村产业重构的直接驱动效应体现在时间成本效益的提升和潜在客户市场的延伸两个方面。一方面，互联网经济加速了产业的要素流动，增强了行为主体的交互作用，大幅度降低了生产和销售的时间成本。在发达的交通物流体系支撑下，供应链中产品的供应时间极大缩短，这对乡村时令农产品、特色农副产品运输和销售尤为重要。另一方面，互联网时代提供了与原有乡村不同的生产经营模式，原来乡村产业产品多依靠本地市场和经销商，而在网络上销售和经营平台能够带来潜在的客户群市场，有利于推动乡村产业规模化生产。

（3）“互联网+”的综合驱动效应

“互联网+”通过影响乡村产业发展中的市场信息、生产销售周期、销售经营平台、市场响应速度、参与主体的技能培训等方面对产业重构进行驱动。在“互联网+”直接驱动效应与间接驱动效应的综合作用下，乡村产业通过挖掘自身特色资源参与并融入地区生产过程，对产业规模、结构、类别进行重新建构，从而提升自身的市场竞争力。

3.“互联网+”产业融合的治理路径分析

（1）内部治理：提升农民技能水平

培育一批既能管理、懂技术、善经营且有思想、有文化、有梦想的新型农民是实现乡村振兴发展战略、促进“互联网+”产业融合项目的首要任务。

第一，政府需要制定相关优惠政策来吸引高校毕业生、退伍待岗士兵军官等人员来到农村，通过开展创业式扶持政策，对这一类相对具有较高能力的“乡创客”进行就业技能指导与创业知识传授，贯彻落实农村青年创业致富“领头雁”计划，对创业支持实现从技能培训到金融信贷的全程帮扶，紧紧围绕乡村振兴主题，全面提升他们的职业技术水平与职业道德素质。

第二，对于建档立卡的脱贫劳动力，政府可以通过项目制来购买服务，提供免费的就业技能培训，根据农民择业意愿提供具有针对性、实用性、终身性培训服务。相关部门可通过对劳动力市场就业需求的全面调查了解，制定不同门类的技能培训项目，实现培训与就业率正向促进的效果。各地政府在进行职业技能培训的同时，还应注重职业道德、法律规范等人文教育的开展，要做到务实不务虚，认识到培育新型农民创业创新与脱贫劳动力技能型就业是统筹推进乡村振兴、促进“互联网 +”产业融合项目的必然选择，也是促进农村区域经济联动的重要支撑。

第三，将科技特派员制度引入乡村振兴发展战略，根据农村发展的客观需要把各个产业的高科技创新人才引入农村一线，使其与农民建立利益联结机制，打造农业农村领域的众创空间；要为返乡创业的农民提供从技能培训到财务支持等多方面的扶持政策，以乡、镇为单位兴办培训学点，从创业模式、创业技能、创业风险再到企业管理等模块建立一体化培训制度，严格制定结业标准；最大限度地发挥科技特派员的优势特长，将理论与实践相融合，“手把手教学”以确保将农民创新创业的失败率降到最低，保持农民对“互联网 +”产业融合项目的积极性和高参与度。相关人员可让农民以入股的形式加入农村合作社或企业的运营，大力开展“互联网 +”现代农业模式，将科技创新成果转化为产品进入千家万户，统筹推进网络大数据的便捷模式与农村交通物流一体化发展，实现农产品加工经销产业从重量到重质的转变、从要素推进到创新驱动的转变、从分散模式到集中布局的转变，吸引更多的市场资本来到农村。在满足土地管理法相关规定的前提下，相关主体可通过与农民建立利益联结机制，开发荒废土地、闲置房屋，兴办乡村旅游业、特色农家乐、农产品加工业等产业项目，实现一村一品、一镇一业。国家应将农村新型融合产业的发展与农民创业紧紧联系在一起，双向促进农民就业与再就业，做到真正的农业农村提质增效。

（2）财政治理：加强农村金融扶持政策

乡村振兴背景下的农村“互联网 +”产业融合模式需要政府主导与社会支持双重模式齐头并进，加快城乡公共服务均等化进程。对于市场而言，社会资本之所以不愿意下农村的根本原因就在于对农民自身能力的怀疑和对乡村产业发展的不信任。招商引资仅仅依靠强制性政策并非长久之计，通过产业实力征服金融资本才是第一要素。以培育一批新型农民为基本前提，加强农村金融扶持政策，增强乡村产业融合项目吸引力，需要做到以下几点：

第一，政府引导民营资本加大对城乡基础设施建设的投入力度，完善乡镇道路、水电、电信、信息服务等基本公共服务设施，强化创业项目类别的吸纳能力和承载能力。

第二，创新农村金融服务体系是政府解决农村第一产业、第二产业、第三产业融合项目资金短缺的首要措施。我国曾在对外开放过程中，对沿海地区发达城市实行外商投资优惠政策，如今也可以将欠发达地区创业农民囊括在政策受惠群体之中，实行创业初期不收税或少收税的政策。此外，地方政府针对乡村产业规模及企业吸纳失地农民和农村剩余劳动力等就业人数和再就业人数的具体数值设定量化标准，对于达到指标的企业给予信贷、服务、税费等优惠政策。

第三，应由中央与地方政府共同建立乡村产业发展专项资金，对于具有创新性、成长性、可持续发展性等特点的项目给予专向保护，在大力扩展农民创业数量的同时培养和建立一批高品质产业。除此之外，还应要求各类融资担保公司为乡村提供金融政策支持和差异化服务，对农村劳动密集型企业和中小微企业放宽信贷服务要求准则。

（3）市场治理：创新多种产业模式

“产业兴旺”作为党的十九大报告中的重要命题，充分彰显了产业发展在乡村振兴中不可撼动的基础地位。对于农民创业与乡村产业而言，乡村振兴战略是巨大的发展机遇。相对成熟的产业融合项目已经不能满足于传统的发展模式，“互联网 +”对乡村产业提出了更高的发展要求。基于此，中央及地方政府应根据各个地区人文、环境、资本的差异进行技能驱动产业模式和资源驱动产业模式的划分。例如，湖南省常德市石门县因得天独厚的环境优势成为全国面积最大、产量最高的早熟柑橘生产基地。在常德市政府的大力扶持下，当地开展了一系列线下农业观光、农家乐一条龙等蜜橘文化延伸产业和线上销售石门柑橘的双重模式，通过引入专业人才对“蜜橘产业”进行市场化管理。全产业链的形成不仅使当地贫困户完成了“两不愁三保障”的基本目标，也为石门县公共基础设施的完善和公共服务体系的建设提供了经济保障，这就是典型的资源驱动型创业模式。2020年以前，湖北恩施州来凤县后坝村曾是贫困率高达 25.9 %的贫困县，人均耕地面积不足 667 平方米。农民邓国海带着一定的城市经商经验、人力资源、经济基础返回家乡，建立了土鸡养殖场和有机蔬菜种植厂，极大地鼓舞了当地农民的就业热情。而后，邓国海又将家乡发展特点与市场需求相结合，先后成立了藤茶种植业、小龙虾养殖业、农村合作社、生态农家乐等系列产业，线上与线下两不误，真正实现了“一业兴百业旺，一人富全村强”的发展目标，使后坝村早早摆脱贫困村成为来凤县产业发展模范村，这就是技能驱动型创业模式。石门县和后坝村凭借丰富的农业资源和区位优势，使现代化农业在农村顺利开展。这两地不囿于单一的流水线模式，多种产业齐头并进，不仅扩大了产品自身的影响力，也实现了多元化产业模式的创新。

（三）促进乡村产业兴旺的对策思考

1. 全面优化乡村产业结构

国家应坚持“质量兴农、绿色兴农”，推动农业供给侧结构性改革实现更大突破，全面优化产业结构。

第一，解决品种不优问题。具体措施：调优粮食经济作物生产结构，推进现代种业发展，加强优质水稻品种研发和推广；推动畜牧业转型发展，加强优势畜产品生产基地建设；做强设施蔬菜产业，引进、试验、示范蔬菜新品种。

第二，解决品质优劣不齐和品牌多、杂、弱问题。具体措施：全面推动农业生产的规模化、产业化、标准化，努力打造国家级精品农业特区；推进农产品物流园区、跨区域农产品加工配送中心、电子商务发展，实现线上线下交易一体化；推动品牌产权化，增加农业供给侧名优特农产品供应，扩大系列农产品品牌影响力，实现优质优价。

第三，解决“三大体系”现代化程度不高的问题。具体措施包括：在产业体系上，要大力发展农产品加工业，延伸产业链；完善农产品流通设施和体系，贯通供应链；发展新产业新业态，提升价值链。在生产体系上，要大力发展生态循环农业、智慧农业，推进绿色化和数字化。在经营体系上，要培育壮大龙头企业、产业联盟等新型经营主体。

第四，解决区域产业发展不协调的问题。具体措施：打破村镇地理格局限制，构建产业联合发展大格局，实现抱团协同发展，防止区域内马太效应加剧。

2. 促进第一产业、第二产业、第三产业深度融合发展

第一，国家要加快推动生产的前、中、后全流程一体化发展，促进农业生产、精深加工、综合物流、电子商务、科研、涉农服务进一步融合。

第二，国家要深入实施产业融合发展示范工程，健全产业发展与集体、农民

的利益联结机制，推动股份合作、保底分红等多种形式合作，让全产业链增值带来的收益惠及农民。

第三，国家要围绕乡村振兴产业园建设，打造具有地方特色的乡村振兴产业体系，借助乡村振兴产业博览会平台，将培育形成的污水处理设备、生态型环保厕所、燃气装备等产品制造和垃圾处理等模式产业化，形成一套适合南方和北方乡村市场需求的产业输出模式，加快开拓全国乡村建设市场。

3. 增强乡村产业发展的科技创新动能

解决乡村产业动能不足的短板，关键是把科技兴农工程落实到位。

第一，加快构建适应高产、高效、优质、生态、安全农业发展要求的技术体系，打造乡村产业创新链。

第二，加强农业技术集成推广，做好粮食生产重大高产栽培技术、浅湿灌溉节水、工厂化育苗、测土配方施肥、专业统防统治、智慧农业、健康养殖、农产品加工储运、高性能农业设施装备等技术集成推广工作。

第三，强化科技攻关。具体措施：巩固和建设农业领域重点实验室、技术创新中心等平台基地；加强农业科技园区建设，促进产学研有效融合；实施农村科技特派制度，加强创新团队建设；组织实施一批重大科技攻关项目，解决制约产业发展的技术难题。

4. 推动乡村产业融入“双循环”新发展格局

各地区应发挥区位优势和节点优势，利用国内和国际“两个市场，两种资源”，推动农业在生产、加工、流通等各环节全方位开放；鼓励农事企业积极拓展与“一带一路”沿线国家和重点区域的农业合作，不断增加农产品出口份额。

5. 破解乡村产业发展要素瓶颈

人才、资金、土地是乡村产业发展的基本要素。

要想破解人才瓶颈就要做到：

第一，组织部门要打破选人用人常规，以有效的政策吸引高层次人才到基层施展才能。

第二，要畅通智力、技术、管理下乡通道，引导和支持企业家和各类人才到乡村兴办产业，支持科技人员、科研机构和院校以科技成果入股农业企业。

第三，实施新型职业农民培育工程。

要想破解资金瓶颈，就要做到：

第一，要确保财政投入持续增长，积极做好项目包装，向上争取产业振兴政策扶持和资金投入。

第二，要发展壮大村集体经济，走土地经营型、产业服务型、股份合作型、政策项目型、乡村旅游型、电商助推型、能人带动型、飞地经济型等多种壮大村级经济的发展路径，增强村集体自我发展能力，彻底消灭“零收入村”。

第三，要强化金融服务，加大重点支持领域涉农资金投放，鼓励金融机构创新农村金融产品和服务方式，支持涉农企业在多层次资本市场直接融资。

要想破解土地瓶颈，就要做到：

推进全域土地综合整治，优化调整用地布局，盘活集体建设用地，加大乡村产业发展用地特殊政策供给。

四、生态治理

加强农村生态环境治理，努力建设“生态宜居”的美丽乡村，是进行乡村治理的重要任务，是推进新时代生态文明建设、贯彻落实新发展理念、实现农村高质量发展的关键环节，是我国农业、农村、农民永续健康发展，推进国家治理体系和治理能力现代化的现实要求。近年来，尽管我国农村整体经济快速发展，农民生活水平显著提升，但是部分地区仍存在生态环境破坏严重、生态治理主体履责不到位、生态治理技术支持相对薄弱、生态治理制度体系不健全等现实困境，阻碍了乡村经济、社会、文化的可持续发展，制约着乡村振兴战略的顺利实施和农民日益增长的美好生活需要的实现。

农村生态环境污染是农业生产措施不合理、农民生活垃圾处置不当等内源性因素和工业、城市垃圾污染转移等外源性因素综合作用的结果。农村生态环境问题呈现出复杂性、公共性、流动性和扩展性等特征，应基于“主体—机制—技术”的三维视角，将新时代农村生态环境治理视为一项系统集成工程，创新农村生态环境治理的体制机制，建构起系统、完整和多元共治的农村生态环境治理格局，从而实现乡村善治的生态愿景。

（一）积极发挥政府主导性作用

政府应完整、准确、全面贯彻可持续循环发展理念、绿色发展理念和新发展理念，推行绿色农业发展，加大农村绿色发展的投资力度和政策支持，不断提高保护生态环境的力度，把国家所需、地区所能、群众所盼、未来所向统一起来，坚定不移地推动经济高质量发展，加快全面建设社会主义现代化进程。

第一，政府应积极提倡并践行绿色发展理念，通过在日常生活中宣传保护环境的益处、讲授环保相关知识，让广大村民意识到不应为眼前利益而放弃长远利益，不能做出危害环境的行为。政府要通过教育宣传来改变部分村民乱丢垃圾、乱排废水的不良习惯；同时，通过视频介绍和宣传过度使用农药和化肥不会提高粮食产量和质量，反而会危害人们的生命健康和带来环境污染，借此增强村民的生态保护意识。

第二，农村环境治理的基础建设存在资金不足、政府环境治理力度较弱、人才配备不完善等现象，因而政府应加强治理力度，抓好生态文明建设，在资金上对农村欠发达地区给予帮助，以及配备相关的专业人士以便积极宣传环境治理知识、传授农民环境治理方法、提供理论和技术上的支持和帮助。例如，2021 年甘肃省政府花费 3 个月时间对生态破坏和环境污染两个方面进行排查整治，专门成立工作专班，一方面进行督促指导，另一方面及时调整掌握各地工作进展情况。同时，甘肃省生态环境厅加强督导检查和执法监管，加快推进全省生态环境问题排查整治工作。

第三，政府应充分考虑当地的实际情况，积极落实保护环境的相关政策，尤其是对农民提出的合理化建议应予以充分采纳。具体措施：一是政府应明令禁止乱砍滥伐、破坏生态平衡的行为；二是设置垃圾收集站和处理点，让村民承担打扫道路卫生、回收垃圾的工作，并对他们发放工资，解决村民的就业问题；三是对一些乡村企业进行监管，监督排放废水污水的工厂做好污水处理工作，从而实现生态治理全域覆盖、全域达标，实现农村人居环境整治和生态文明建设、农业投入品减量化、生产清洁化、废弃物资源化、产业模式生态化。

（二）完善农村环境保护立法和监督体制

在完善农村环境保护立法上，可以积极借鉴相关省市的先进经验和合理采纳村民的意见，建立农村环境保护目标责任制和工作问责制，建立完善的农村环境保护考核机制，将农村环境保护工作考核结果纳入当地经济社会发展评价体系，从而形成一个良好的有法可依、有法必依的乡村环境。

第一，可以利用地方人民政府网开设“生态环境保护督察进行时”的专题和专栏，方便人们随时进行信访举报和提出问题，随时查阅生态环境保护的督查信息。

第二，为鼓励公众积极参与生态环境保护监督管理，要严厉打击危害生态环境安全的违法行为，可以对举报生态环境违法行为的人实施物质嘉奖并表彰，使其积极发挥榜样示范作用。公众可采用电话、网络、微信、信件来访等途径进行举报。

第三，对地方性法规进行修订。例如，甘肃省2020年实施了《甘肃省环境保护条例》，2020年修订了《甘肃省辐射污染防治条例》，2020年制定了《甘肃省土壤污染防治条例》和《甘肃省环境噪声污染防治条例》。这些条例的修订可以更加有力地督促人们对环境的爱护，增强人们保护环境的意识。

（三）推进多元主体协同共治

良好的生态环境是重要的民生福祉。农村生态环境的有效治理需要基层政府、地方企业、社会组织和农民群众等多元主体联动形成合力，共同就生态环境保护管理事务进行民主协商、协同治理。

基层政府作为地方经济社会发展的首要责任主体，在农村生态环境治理中处于主导地位，要敢于打破生态治理的行政界限，重构信任关系，优化政府职责体系，转变政府职能，逐步由管理型政府向服务型、生态型政府转变；搭建项目联动、相互监督的协同共治平台，将全面治理、绿色发展、创新发展融入治理理念，为农村生态环境治理提供优质服务。

地方企业既是农村生态环境保护的主体，又是农村生态环境治理的主体。一方面，地方企业要贯彻落实创新驱动发展战略，积极改进生产技术，减少“三废”排放与能源消耗；另一方面，地方企业应积极探索农村新型生态产业模式，做到经济效益与生态环境保护并重。

各类社会组织，特别是环保社会组织，是农村生态治理不可或缺的一员。环保社会组织应不断提升自己参与生态治理的能力，拓宽资金来源渠道，积极深入农村开展生态环境保护宣传教育活动，着力提升农村居民的生态环保意识和参与农村生态治理的生态自觉。同时，各类社会组织可以对农村生态环境治理其他主体进行监督，并积极建言献策。

广大农民是农村生态环境治理的基础性力量和直接受益者，应充分发挥农民群众的积极性和主动性，强化其参与农村生态环境治理的公共意识与自觉行为，增强农民共建共享“生态宜居”美丽家园的信心。同时，农民群众应努力践行绿色生产和生活方式，积极承担农村生态环境治理相应的责任，成为农村最强有力的生态环境保护者和质量监督者。

（四）加强农村生态治理中的科技创新与运用

绿色科技创新已成为我国农村生态环境治理的内在驱动力。要高质量推进农村生态环境治理现代化的进程，必须促进科技与绿色农业深度融合，强化生态环境保护技术创新发展的驱动作用。

第一，基层政府应因地制宜引入并积极宣传、普及绿色农业生产技术和先进生态环境治理科技，引导农民群众科学种田、绿色养殖，鼓励发展生态有机循环农业，走农业可持续发展道路。

第二，国家应加大对农村生态环境治理技术研发和创新应用的资金投入和政策支持力度，为农村生态环境治理技术创新发展提供良好的社会环境，将科技力量转化为现代农业绿色发展的生产力，优化农村经济结构，打造农村生态产业链，引领传统农业向生态化、现代化、综合化发展转型，助力农村生态振兴。

第三，注重提升现代信息科技的生态效应。一方面，国家要积极引入云计算、人工智能、大数据等新兴科技，全面研判农村生态环境的具体情况，建设县、乡、村三级农村大数据指挥中心，形成网格化的生态环境治理体系和网络化的生态环境服务系统；另一方面，国家要优化农村生活资源与能源的消费结构，将科技创新融入村民日常生产生活中；同时，构建农村生态环境治理舆情反馈体系，维护农村生态善治空间秩序，构建生态宜居的农村人居环境。

（五）增强村民生态环境保护意识

农村生态环境与每个村民的生产生活息息相关，二者相互促进、相互发展。良好的村容村貌需要每个村民身体力行地做到切实维护和保持。村民作为农村生态环境保护的主体，应当充分发挥其环境治理的主体作用，提高其参与环境建设的主动性、积极性和创造性，从而保证其享有良好的生态环境所带来的各方面益处。

第一，国家要增强村民主动保护环境的意识。大多数村民很少接受环保理念教育，所以需要党委、政府、企业通过大力宣传，逐步增强村民保护环境的意识，使村民了解污染环境产生的严重后果，了解法律常识，清楚保护环境已经上升到了法律层面，对环境造成严重破坏会受到法律制裁。此外，相关部门可以充分利用宣传片、纪录片和讲座的形式，利用微信、微博客户端定期推送关于生态保护的文章和微视频及国家相关政策措施，选择多推送关于农业种植技术和环境治理的讲解，特别是对于一些思想落后、行动消极的群众，需要政府工作人员做思想工作或在生活上给予帮助和照顾。

第二，在实践中，要落实绿色发展、循环发展、低碳发展的理念。每个村都配备农业技术员和科技特派员，他们可以教授村民关于农业生产活动的相关技术知识。具体措施：一是积极引导农民科学施肥，减少农药、化肥、地膜的使用量，对于一些农作物可以采用无土栽培技术，推广使用可降解塑料薄膜，改进农膜使用技术，并设置专门的农膜回收机构；二是调整种植结构，在高污染风险区优先种植需肥量低、环境效益突出的农作物，推行田间合理灌排，发展节水农业；三是积极开发农村新能源，如沼气建设，光伏、水能、风能发电，减少木材秸秆的焚烧，改灶节柴，控制农村林草植被砍伐利用，改善农村生态环境；四是对于畜禽养殖应加强污染防治，科学、合理地进行规模化养殖，牲畜产生的粪便应无害化处理，可以通过建设沼气池和生产有机肥的方式让废弃物变成有用之物，造福村民，实现利益和环保双赢的局面。

第三，对于荒漠化、水资源缺乏的地区，国家应提倡退耕还林、退耕还草，以防止水土流失，同时应改善灌溉技术，进行科学合理的灌溉，提高水资源利用率。

总之，应尽快增强村民生态环境保护意识，顺应生态环保的内在规律，取得生态治理的良好成效。

（六）健全农村生态环境治理制度体系

第一，优化基层政府政绩考核机制和乡村生态环境治理的长效保障机制。在基层政绩考核体系中，弱化对经济增长的考核，构建绿色政绩考核机制；破除各职能部门条块分割的局面，建构长效动态的跨行政区的区域生态环境治理模式，推动形成统一的权责体系，提高各部门行政效率，推进农村生态环境高效、规范治理。

第二，构建农村生态环境保护与补偿机制。统筹山水林田湖草系统治理，完善山川、林草、河湖生态环境监管与调查制度，完善生态环境补偿机制，探寻多元化生态补偿方式，推动农村生态环境系统良性发展。

第三，完善农村生态环境建设奖惩制度。农村生态环境保护和治理具有复杂性和长周期性，在具体的实践中，要强化激励举措，对为农村生态环境治理作出突出贡献者进行物质或精神奖励；同时，要健全恶意破坏生态系统的责任主体负责制，加大对危害农村生态安全与推卸环境治理责任等行为的惩处力度，从而为农村生态环境治理体制机制的完善和实践效能的提升提供有力保障。

五、乡村文明治理

（一）不断丰富乡村优秀文化的内涵

1. 开发高品质的乡村文化产品

第一，要加强文化研究活动，积极开展文化学术研究活动，依托现有的文化资源，在高校开设文化研究基地、研究所等，形成强大的研究合力；对具有保护价值的文化内容进行系统且详尽的调查研究，并加以准确细致地记录整理；重视旧民宅、名木古树、民俗文化、文化遗产等发掘保护的规划设计。

第二，要加强对文化精髓的宣传，大力开展各类文化宣传活动，全面普及和弘扬文化精髓；通过创意策划各类特色活动，积极推动文化广告宣传，将特色文化项目与乡村旅游项目相结合，打造文化旅游精品和名片。

第三，要培养功能完善的文化载体；充分挖掘文化资源优势，整合项目和资金，引进社会资本，打造集产业功能、文化功能、旅游功能和社区功能于一体的文化载体；加强文化传承人队伍的培养，鼓励和支持熟练掌握文化遗产技艺技能并有较大影响的代表性传承人开展授徒、传艺、交流等活动，充分发挥文化传承人在乡村文化发展中的带动作用。

第四，要拓展文化产业链，将文化与创意、旅游、产品相结合，促进文化资源与市场对接，不断发展新产业、新业态，打造具有高附加值的文化旅游产品。

2. 打造高层次的乡村文化生活

高层次的乡村文化生活是为村民提供高质量精神营养的重要内容。要打造高层次的乡村文化生活，可以从以下几个方面出发：

第一，要增加优秀乡村文化产品供给，坚持以基层和乡村为重点，以完善公共文化服务体系为目标，落实文化惠民工程；努力解决乡村文化设施简陋短缺、总体水平参差不齐和利用率不高等问题；充分发挥数字文化和新媒体的作用，使村民能够更加便捷地获取优质文化资源。

第二，要丰富文化娱乐活动，活跃繁荣农村文化市场，丰富农村文化业态；积极组织村民参与各类文化活动，持续开展大型群众文化活动，发展村民喜闻乐见的艺术形式，引导更多村民参与群众文化活动，不断满足群众文化需求；围绕新时代、新精神、新政策，创作精品节目，充分展示新时代乡村振兴的成果。

第三，要加强文化队伍建设，挖掘并培育乡土文化本土人才并充分发挥他们的带头引领作用，加大乡村文化基础设施建设投入和文化扶持力度，让更多群众享受到文化惠民的成果。

3. 大力保护和传承优秀文化遗产

加大对民间文化传承与发展的支持力度，需要从以下方面出发：

第一，要促进文化传承与旅游的良性互动；推动乡村非物质文化遗产资源的创造性转化和创新性发展，形成国家、省、市、县四级非物质文化遗产名录保护体系；开创非物质文化遗产传承与乡村旅游发展相互带动的良好局面，将非物质文化遗产旅游产品化和规范化。

第二，实施传统手工艺振兴计划，修复文化遗产，保护发展老街民居建筑群、古村落、古民居和古建筑，加大资金投入，对非物质文化遗产进行重点保护和传承扶持。

（二）加快推进乡风文明建设

乡风文明属于农村精神文明建设的范畴，是农村精神文明建设的重要方面。党的十九大报告提出“实施乡村振兴战略”，要坚持农业农村优先发展，按照“产业兴旺、生态宜居、乡风文明、治理有效、生活富裕”的总体要求，加快推进农业农村现代化，推动乡村全面振兴。梳理传统社会中的乡风表现特征，明确乡风在传统社会乡治中的价值，有助于正确认识乡风文明在社会主义乡村治理中的作用，从政治、法律、道德、文化等方面建立认同感，从而为乡风文明建设提供有益借鉴。

在我国漫长的农耕文明历史中，农村一直处于一种自治状态。从社会文化的角度看，维持农村社会秩序状态稳定的一个重要因素就是乡风。在当代中国，乡风文明是农村文明建设的精神内核，是乡村全面振兴的重点。

1. 乡风的基本内涵

（1）乡风的内涵

周其仁在《城乡中国》的开篇写道：“中国很大，不过这个很大的国家，可以说只有两块地方：一块是城市，另外一块是乡村。”在土地上辛勤耕作，以土地的产出来谋生的人聚集在一起，以农业发展为主的居住地，就构成了中国的乡村，世代田园牧歌，耕耘人生和理想。《诗经》分为“风”“雅”“颂”三部分。“风”，就是从非周王室直辖的地区采集的土风歌谣，其中大部分属于民歌，也就约略有了乡土精神文化生活的意味，能算是传统中国乡风的源头。

乡风文明，综合学界各位学者的观点，可以指以乡村社会为孕育基础，随时代不断变化发展的，主要在乡村社会存在的一系列观念、制度和物质成果的总和。乡风文明有以下三个特点：

第一，乡村性。乡风文明与乡村社会密切相关，无论是产生和传播，还是影响的主要地域范围，都主要集中在乡村社会。无论怎样研究乡风文明，从何种角度切入，都必须立足于广大乡村社会，脱离乡村社会的文明，是虚构的乡风文明，可以存在于书面，但不存在于现实。

第二，时代性。乡风文明的内容不是凝固不动的内容，而是会随着时代的变化而变化的。中国古代乡村社会的文化传统之所以相对稳固，与当时的小农经济有关，而现今中国社会的经济发展相当迅猛，农村经济的变化速度即使赶不上城市发展的速度，也在稳步坚实地变化着。这必然会对现代的乡村文化产生影响，也会对研究乡风文明提出更多的挑战，研究者需要让自己的视线和研究内容跟上这种变化。

第三，建构性。乡风文明虽然对乡村社会有强烈的信赖性，但是它的内容需要时间的积淀，尤其在现代社会的行政强管理强属性的背景下，乡风文明内容的建构性特点越来越明显，其相关研究领域越来越频繁地出现建设、引导、创造、学习等词汇。乡风文明内容可以被人为地创造出来，成为多数人的共识，对乡风文明的研究不再像传统的研究方式一样，停留在发现和总结的层面，而已经进化到建构的层面。

（2）传统社会中的乡风

①汉代“三老”现象

汉代统治者重视德治礼序在乡村基层治理中的作用，以孝悌仁义导民向善，逐步形成民众认可的乡风，从而达到统治者对基层乡村进行治理的目标。

汉初，儒学以官方意志走进乡村，其后逐渐演变成为国家基层治理的一种制度设计。刘邦在还未夺取天下的时候，就以立社稷、施恩德的形式明确提出，每乡都要举荐一名年龄在五十岁以上的德高望重之人，谓之“三老”，再从乡三老中选一位做县三老，县令有事可以向其咨询。刘邦此举是以三老教化、培育乡风的方式巩固自己胜利成果。三老是乡村的道德楷模，在乡村中行教化乡民之责，是中国古代最早进行乡村教化的基层官员。

到了汉文帝时期，三老教化又被进一步具体化，把三老明确为民众之师，且为“常员”，逐步使“三老教化”走向制度化和常态化。自此，中国乡村百姓就始终在文化浸润中繁衍生活。

②宋代家训与《吕氏乡约》

家庭是社会、国家的最小单元。家风就是微缩版的民风，具有化民成俗的无形力量。中国传统家风主要以儒家倡导的“修身，齐家，治国，平天下”为核心观念，以“仁、义、礼、智、信”为价值取向，《颜氏家训》《郑氏家训》《朱子家训》等家学、家训是比较典型的代表。中国家训在宋代得到了大发展，得益于宋代的社会大环境。宋代“重文抑武”的国家政策，极大地激发了士大夫家族读书出仕、报效朝廷、为天下苍生做事的情怀。士大夫家族纷纷纂述家训，家庭成员在家训的教导引领下，读书修身，晋身仕途，以实现读书出世做事的人生理想。宋代家训的大发展主要表现在家训的数量和形式增多，内容也更加丰富，涉及子女教育、道德伦理、法律事务、经济实务、宗教信仰等各个方面。宋代比较有名的士大夫家训有范仲淹的《义庄规矩》、包拯的《家训》、陆游的《放翁家训》、赵鼎的《家训笔录》、叶梦得的《石林家训》等。其中，范仲淹的《义庄规矩》及后续规矩还曾得到当时朝廷的认可，取得朝廷的支持。中国传统家训在儒家思想的深刻影响下，相对注重个人品德修养和家风家教，同时怀抱着治国平天下的人生理想，从而不自觉地充当了良好乡风的培育工具。孟子描绘的乡村生活理想状态是，村民在一起耕种，大家同吃一口水井，像朋友一样相处，有困难了大家相互帮忙，对待有疾病的乡人，大家互相扶持，这样就是一个邻里亲睦的乡村社会。北宋吕氏兄弟通过编制和实施《吕氏乡约》，把孟子的儒家理想变为乡村现实生活，作为我国历史上最早的成文乡约。它明确要求村民“德业相劝，过失相规，礼俗相交，患难相恤”，对后世传统中国的乡村治理模式产生了很大的影响，为良好乡风培育制订明确了一定的原则和规范。

③明代“圣谕六条”

明洪武五年（1372 年），天下初定，朱元璋就对百姓婚丧嫁娶等礼俗作出规定，内容直接指向百姓的日常生活、乡村礼俗，重新确定和规范乡村礼俗秩序，是明代官方注重乡风教化的先声。

明洪武三十年（1397 年）九月，朱元璋正式颁布了“圣谕六言”，即“孝顺父母、尊敬长上、和睦乡里、教训子孙、各安生理、毋作非为”。朝廷要求将这六条新的百姓日常生活规范在全国范围尤其是在乡村大力推行。当时采取的具体宣讲方式是在每乡选取丧失劳动能力、年老者、残疾人或视觉有障碍的人，手持木铎，在儿童的牵引下，游走在乡社街道之间，高声叫喊“圣谕六言”的具体内容，每月 6 次。“圣谕六言”通俗易懂、朗朗上口，作为明代乡村教化的政治性纲领，针对的是百姓的日常生活，是儒家教化在民间层面上的具体落实。“圣谕六言”的推行和传播得到了当时的知识分子的普遍重视，他们利用自己的官方身份在地方大力推行“圣谕六言”，并以其为核心，与乡约结合在一起，为当时乡村自治中的乡风培育提供了官方的规范和价值观。

2. 中国特色乡风文明的提出过程

乡风文明的基础是乡风，落脚点是文明，目标是使当代社会主义中国农民的思想、道德素质和文化水平全面提高。中国特色的文明乡风不仅能够丰富农村居民精神文化生活，提振新时代农民的精气神，培育文明乡风、淳朴民风、良好家风，提高社会主义新农村社会的整体文明程度；还能够进一步增强乡村文化发展软实力，坚定文化自信。

社会主义新农村要如何建设，党的十六届五中全会提出了总要求，“生产发展、生活富裕、乡风文明、村容整洁、管理民主”，这是“乡风文明”作为一个整体概念第一次在党的文献中提出来，为此后开展乡风文明建设工作提供了政策指导。从“十一五”规划开始，乡风文明建设进入了国家战略层面，此后的“十二五”“十三五”规划都进一步明确了乡风文明建设的要求。党的十九大作出了实施乡村振兴战略的重大决策部署，并提出了“产业兴旺、生态宜居、乡风文明、治理有效、生活富裕”的推进农业农村现代化总要求。2019 年，《关于加强和改进乡村治理的指导意见》提出要“实施乡风文明培育行动”，并提出了具体的实施指导意见。2021 年，《中共中央 国务院关于全面推进乡村振兴加快农业农村现代化的意见》中明确提出：“持续推进农村移风易俗，推广积分制、道德评议会、红白理事会等做法，加大高价彩礼、人情攀比、厚葬薄养、铺张浪费、封建迷信等不良风气治理，推动形成文明乡风、良好家风、淳朴民风。”

3. 培育乡风文明的途径

（1）培育积极向上的农村思想文化阵地

培育积极向上的农村思想文化阵地，要坚持教育引导、实践养成、制度保障三管齐下，采取符合农村特点的方式方法，大力弘扬民族精神和时代精神。国家要把社会主义核心价值观融入农村思想文化阵地建设的全过程，注重典型示范，培育一批新时代农民的先进模范人物；要强化农民的社会责任意识，建立健全农村信用体系，完善守信激励和失信惩戒机制，加强对农村弱势群体的人文关怀和心理疏导，培育积极向上的农村社会心态。

（2）开展特色典型的移风易俗文明活动

良好的文明乡风离不开村规民约管理作用的充分发挥，要通过建设乡村文化墙、制定村规民约、开设道德讲堂，增强农民群众自我约束的主动性，推动实现农村自主管理。建立村民自治组织，多方式、多层面地大力倡导文明乡风，有利于切实刹住奢靡风气，有效遏制不良习俗，弘扬新风正气，抵制歪风邪气。打造一批孝心村、和谐村、生态文明村、移风易俗村、兴业富民村等特色示范典型，有利于真正实现“村镇美、村民富、村风好、民乐居”。

（3）发挥志愿者文明建设引领示范作用

志愿者队伍在引导培育文明乡风中起着非常重要的作用，各地区要结合各乡村的实际情况，采取自愿参与的原则，积极动员政治素质高、有一定专业技能、有较强奉献精神且热心社会公益事业的村民加入志愿者队伍；充分发挥好志愿者在乡风文明建设中的引领示范作用，动员志愿服务团队积极投身到村庄环境整治活动中，共同为打造美丽乡村贡献力量；鼓励志愿服务团队因地制宜，挖掘资源，打造特色活动品牌，通过志愿者队伍组织的各类活动带动村民广泛参与，同时也让志愿者队伍的活动逐步成为人人都可参与的一项常态活动。

（4）认识到乡风的价值

《中共中央 国务院关于实施乡村振兴战略的意见》指出：“必须坚持物质文明和精神文明一起抓。”当前，中国特色社会主义已经进入了新时代，人民群众对美好生活的需求，尤其是对美好精神生活的需求愈加强烈。乡风文明事关乡村全面振兴与农村社会的和谐稳定，培育好文明乡风，才能更好地促进完成脱贫攻坚任务后的乡村经济、政治、文化等各方面的全面振兴。

第一，乡风文明有利于建立政治认同。在中国特色社会主义社会中，乡风文明会给乡村社会带来秩序的和谐和稳定，这种和谐和稳定就会让村民产生相对稳定和成熟的社会心理。从政治文化的角度看，村民这种稳定和谐的心理状态会使其自觉地对现有的政治制度产生政治认同，从情感和态度上接受目前的社会政治制度。在当前新时代中国特色社会主义社会中，具体表现就是在政治心理、政治情感和政治行为上接受中国共产党的领导，并愿意在党的领导下，为党提出的现阶段奋斗目标努力工作，为党提出的远大社会理想而接续奋斗。

第二，乡风文明有利于建立法律认同。培育乡风文明，有利于村民从心理上建立政治认同。在中国特色社会主义政治制度下，在接受党的领导的政治认同的基础上，村民自然就从心理层面建立起了法律认同。也就是说，人们在接受党的领导的同时，对党领导人民制定的宪法和法律也会从政治心理方面接受和认同，从而依照现行的宪法和法律规范自己的行为，调节自己的社会关系。

第三，乡风文明有利于建立道德认同。《新时代公民道德建设实施纲要》提出，要把社会公德、职业道德、家庭美德、个人品德建设相统一的观点，并且详细描述了社会公德、职业道德、家庭美德和个人品德建设的具体内容，为新时代公民道德建设提供了强有力的指导。乡风文明建设和国家公民道德建设要求有着内在的一致性，首先就是要注重个人品德的培育，这和传统社会注重“修身齐家”的理念息息相通。培育文明乡风就要把公民的个人品德修养作为出发点，把家庭美德、职业道德、社会公德统一起来。从这个意义上说，搞好乡风文明建设有利于村民建立对中国特色社会主义的道德认同。

第四，乡风文明有利于建立文化认同。在马克思主义指导下进行的文化创新，就是在实践中形成中国特色社会主义先进文化。中国特色社会主义先进文化深深根植于中华优秀传统文化，立足当前中国实际，并不断吸收和借鉴了国外文化的有益成果，通过不断改革创新，形成具有中国民族特色的先进文化。乡风文明建设最终是建立一种文化认同和一种文化心理的认同，是对继承了中国特色社会主义文化的一种高度认同，是血脉基因层面的文化自信的表现。

六、党建引领

（一）党建引领乡村治理的意义

党建引领乡村治理是马克思主义政党执政的内在要求，也是推动乡村治理现代化的内在需要。加强党建引领乡村治理应从政治引领、价值引领、组织引领和法治引领四个方面着手：一是将坚持正确的方向贯彻到乡村治理中，确保乡村治理坚定地走中国特色社会主义乡村善治之路；二是将社会主义核心价值观融入乡村治理实践，推动乡风文明建设，促进乡村治理德治化；三是提升农村基层党组织的组织力，激活和凝聚多元主体力量，促进乡村治理自治化；四是提升农村基层党组织依法领导乡村治理的水平，带动法治乡村建设，促进乡村治理法治化。

党管农村工作是中国共产党的优良传统。党中央在创造性地提出“乡村治理”重大命题的同时，始终强调党对乡村治理的领导。党中央高度重视党建对乡村治理的引领。目前，学术界关于党建引领乡村治理的理论研究仍然比较薄弱。现有的研究多从特定地域的实践出发，总结当地党建引领乡村治理的经验，而从理论原点出发回答“党建何以能够引领乡村治理”的研究则比较少见。

我们需要认识到党的领导是当代中国社会治理的显著特征和最大优势。党建引领乡村治理的提出和践行是由党的权威领导和执政地位、党的性质和宗旨、乡村治理的必要性与形势变迁等方面共同决定的。

1. 党建引领乡村治理彰显了"坚持和加强党的全面领导"的执政原则

领导权问题历来是马克思主义经典作家十分重视的问题。马克思、恩格斯在其著作中，对无产阶级政党如何夺取政权、掌握政权进行了详细阐述，认为革命和建设的进行都离不开党的领导。而在中国革命、建设、改革与复兴的历程中，历届领导人也在不断地对"党的全面领导"这一问题进行阐释和强调。全面领导，顾名思义，重在"全面""全方位""全覆盖"，重在总揽全局、协调各方。正是在党的全面领导下，新民主主义革命得以胜利、社会主义制度得以建立、改革开放得以进行、中华民族伟大复兴得以逐步取得成就。可以说，没有党的领导就没有中国的发展与复兴，"坚持和加强党的全面领导"就是党的执政原则。

我国是一个农业大国，在重大规划和发展战略中，乡村发展一直以来都占有举足轻重的地位。乡村工作是中国特色社会主义事业的重要组成部分，不仅"在党和国家事业全局中具有重要战略地位"，需要谨慎对待，还是"全党工作的重中之重"，不能有一丝懈怠，所以要注重将党建作为统揽乡村治理工作全局的总抓手。在党建引领乡村治理的过程中，党组织要切实进行政治引领，将讲政治落到实处，对加强政治判断力、领悟力、执行力提出明确要求；坚持贯彻思想引领，深入实施乡村思想文化建设工程，将思想政治工作做到村民心中；认真实行组织引领，不断优化农村基层党组织领导班子，夯实乡村治理的人才支撑；大力实施服务引领，坚定"领导就是服务"的理念，扎实建设服务型党组织；不断强化制度引领，建立健全相关机制，发挥党建引领乡村治理的制度优势；着力推动创新引领，创建治理新模式，提高治理智能化水平等。总之，在这一过程中，"全面领导"这一执政原则必须贯彻到底，党只有抓牢、抓实、抓细乡村治理的各项工作，才能使组织优势有效地转化为治理优势。

2. 党建引领乡村治理契合了中国共产党"以人民为中心"的执政理念

马克思、恩格斯的著作中蕴含丰富的人民主体思想，且高度赞扬在社会历史活动中人民所具有的无可辩驳的主体地位，认为人的自由且全面的发展是共产党员为之奋斗的远大目标。作为马克思主义执政党，中国共产党"没有任何同整个无产阶级的利益不同的利益"，人民立场是其根本的政治立场。自中国共产党成立之日起，中国共产党就始终将为人民谋幸福、为民族谋复兴、为国家谋发展作为理想信念。

回顾过去，党的历代领导人都将"扎根于民、取信于民"作为行动指南，都将"群众认可、人民满意"作为价值取向，不断地通过一系列改革措施保障农民利益、推动乡村治理。从中华人民共和国成立初期开展土地改革、建立人民公社制度，到党的十一届三中全会以来建立家庭联产承包责任制、实行村民自治，再到建设社会主义新农村、确立乡村振兴目标等，尊重群众、爱护群众、维护群众利益的观念和作风始终被放在第一位。在当下党建引领乡村治理的过程中，党始终坚持和贯彻“以人民为中心”的执政理念。

第一，引领乡村“自治”。自治是国家赋予乡村成员实践民主、参与乡村治理的重要载体，要重视发挥村民在乡村治理中的主体性作用，强化其自治意识，强调其参与治理的必要性与重要性，使其既成为乡村治理的参与者，也成为乡村振兴的受益者，真正提升幸福感、获得感和安全感。

第二，引领乡村“法治”。乡村是每一个村民赖以生存的栖息地，乡村建设和治理事关村民的根本利益。而村民能否积极、主动地参与其中，关系到最终能否实现村民作为利益相关者的利益。由此，必须以规章制度的“硬约束”筑牢治理底线，使乡村治理得以在维护村民权益、规范市场运行、农业支持保护、生态环境治理、化解农村社会矛盾等方面发挥重要作用。

第三，引领乡村“德治”。道德通过自身多样化的表现形式，滋养着每一位村民的内心，塑造着乡村运行的伦理规范。因此，应以道德文化的“软约束”建构治理基础，通过加强乡风文明建设、挖掘和继承乡村优秀传统文化、发展文化产业等，培育乡村文明新风尚，满足广大村民的精神文化需求。可以认为，党始终秉持着“以人民为中心”的执政理念，并将其贯穿乡村治理的方方面面。

（二）党建引领乡村治理的途径

1. 开展先锋领航，实现全域提升

第一，坚持和加强党对乡村治理工作的领导，就要着力推进党的基层组织建设，在村居的不同群体中组建党支部，实现基层党组织全覆盖，全面夯实党在农村的执政基础。

第二，实施“先锋领航”行动，就要注重挖掘和打造农村党建品牌，以其示范和带动作用，整顿和提升农村软弱涣散的党组织，努力实现基层党建工作的全域提升。

第三，通过建立党代表活动室，引导党代表、党员志愿者等进入村居、亲近群众，成为反映民意、服务村居、引领村居先进文化的带头人，进一步强化基层党组织在基层服务体系建设中的核心作用，从而有效地带动其他各类组织的建设。

第四，加大对村级党组织带头人和农村党员的培训教育力度，对村党支部书记实行专业化培训和职业化管理，并不断扩大基层党员在农村中的积极影响力，形成一支强有力的“红色引擎”队伍。

2. 强化服务功能，健全管理体制

随着时代的发展，群众的自主意识不断增强，利益诉求日益增多，这是对农村基层党组织服务群众、做群众工作的能力的直接考验。因此，国家必须不断提高基层服务型党组织建设水平；健全党群服务制度，围绕群众的需求，加快构建常态化、长效化的服务机制；在搭建服务平台和创新服务方式上下功夫，建立健全乡镇、村干部入户走访和党员联系农户制度，并充分利用现代化的技术手段，打造沟通及时、反馈到位、良性互动的服务机制和“互联网+”治理模式，第一时间梳理和解决好群众的各类诉求，以免出现由于问题的长期堆积而产生的群众对党组织的“积怨”现象。此外，国家要健全和完善支委会议事、民主管理、民主评议党员和村务公开等制度，逐步推动村级党组织工作的制度化、有效化、规范化建设，并在对基层党委政府和村居各自职能及村居各类办事机构、民间组织、基层自治组织等各项职能充分明确的前提下，打破原有的基层纵向管理模式，进一步精简管理层次，优化基层管理和服务网络。

3. 提升自治能力，增强法治水平

党建工作还应从以下方面出发：

第一，不断强化基层自治功能，合理界定村委会职责，使村委会打破行政约束，减轻村委会压力，明确村委会对村民代表大会负责，根据农村建设实际工作需要，为其输入一定的人力、资金等资源，逐步提升村居的自治水平和协调合作能力。

第二，坚持村民主体地位，切实发挥村民在乡村治理中的主体作用，不断提高村民自我管理、自我监督、自我服务的意识和能力。

第三，加强法制建设，使基层自治有法可依。

第四，为适应基层管理新模式，应加快修改或出台一系列有利于基层自治的政策和法规，进一步明确村委会的职责范围，强化村委会的自治功能，厘清政府与村委会、村民其他社会组织之间的关系，让各法律关系主体的权责更加清晰，推动基层治理有序性、法治化发展。

第五，在切实保障自治权的同时，还要注重在加强乡村法治文化建设、培育多元主体共同参与的乡村治理模式和健全公共法律服务等方面下功夫，不断提高乡村治理的法治化水平。

4. 明确“两委”权责，形成工作合力

进一步明确村党支部、村委会角色，对其各自权责进行充分明晰，厘清三者关系。村党支部和村委会之间属于领导和被领导的关系，其中村党支部的领导地位主要表现为以下几点：

第一，发挥领导核心作用。在农村中，负责对本村重大事务的决策，将党的路线方针政策有效传递至基层并积极贯彻和全面落实，统筹协调村委会与其他村级组织间的关系，努力构建共建共治共享的乡村治理格局。

第二，发挥战斗堡垒作用。在遵循先党内后党外这个基本原则的前提下，深入商讨村内各项重大事务，积极发挥党员先锋模范作用，尊重并实施村民会议和村民代表会议依法作出的合理决定。

第三，全力支持村委会开展工作。引导村委会在自觉遵循国家法律法规的前提下，以维护农民根本利益为出发点和落脚点，独立开展工作，积极履行职能，全面监督并及时惩处违反《中华人民共和国村民委员会组织法》的人与事。

“两委”班子成员应摆正位置，切勿由于缺乏对自身定位和职责的清晰认识，而在工作开展过程中出现“越权”“缺位”等问题，应当在各自的权限内，在职位上充分发挥潜力和作用，形成最大合力，通过有效的乡村治理方式助力乡村振兴。

（三）党建引领乡村治理的重要作用

第一，党建引领能够保证乡村治理的正确方向。

党始终坚持以马克思主义中国化的最新理论成果武装自身，马克思主义的先进性和科学性保证了党在引领乡村治理的过程中，能够作出正确规划、有效预判形势、明确发展方向。

中国共产党是以马克思主义为指导思想建立起来的，在革命和建设的过程中始终坚持马克思主义在思想领域的主导地位不动摇。同时，党也注重理论创新、与时俱进，使理论跟上时代的发展而不是机械地重复教条。从毛泽东思想到习近平新时代中国特色社会主义思想，中国共产党人在实践中反复探索，切实将马克思主义与时代相结合，开创了具有中国特色的革命与建设道路。先进的理论武装与实事求是的发展精神保证了党领导人民不断取得伟大胜利。

党的先进性是十分鲜明的，其理论和实践上的科学性和前瞻性也经受住了历史的考验。乡村治理是一个复杂的系统性工程，尤其是在当下经济社会快速发展、改革开放不断深入的形势下，社会治理环境日益复杂化。乡村治理所要解决的不稳定因素、所要协调的主客体关系、所要建立和不断调整的治理机制，都使得实现善治的难度不断增加。并且，推动乡村治理、实现乡村振兴的重要前提是治理方向要正确，一旦方向出了错，那么再多的投入和努力也无法起到作用。因而，乡村治理离不开党建引领。

第二，党中央权威与集中统一领导保证了党建引领乡村治理过程中的规划和政策的有效落实，以及乡村治理能够契合国家治理现代化的大势。

随着我国经济发展进入新常态，乡村治理也进入了新发展阶段，如何规范治理方式、准确把握发展趋势，是乡村治理必然面临的问题。对此，党提出治理目标、制定振兴战略、明确发展原则，不断完善基本经营制度、稳定人地关系、健全治理体系。可以说，党的领导是乡村治理有效推进的重要保障。只有坚持党的权威领导，才能确保乡村治理与国家治理现代化的大势相统一；只有通过党的集中统一领导，以强有力的权威引领乡村治理，才能使各项方针政策得到贯彻落实，才能提高治理效能。

第三，党建引领乡村治理体现了中国共产党“缩小城乡差距、促进社会公平”的执政目标。

中华人民共和国成立后，虽然以社会主义公有制代替了私有制，但区域、城乡、阶层之间仍存在各方面的差距。毛泽东同志深入分析这一形势，明确将发展生产力作为党和国家的首要任务，针对农村社会发展，他提出，党在农村中工作的最根本的任务，就是使农民能够逐步完全摆脱贫困的状况而取得共同富裕和普遍繁荣的生活。邓小平同志结合中国实际，对于“促进社会公平”做了进一步的阐释，他强调，在改革中我们始终坚持两条根本原则，一是以社会主义公有制经济为主体，二是共同富裕，因为社会主义最大的优越性就是共同富裕。在这一思想的指导下，党和国家的政策是一部分人和一部分地区先富起来，从而以先富带动后富。

党的十八大以来，党建引领乡村治理的开展、实施乡村振兴战略，以“产业兴旺、生态宜居、乡风文明、治理有效、生活富裕”为总要求，对治理方式、治理原则、治理目标等进行多维度的指导，并努力促进城乡融合，“让广大农民平等参与现代化进程、共同分享现代化成果”。这实际上就是让“后富”逐渐赶上“先富”，使广大人民都能享受到发展成果，深刻体现了中国共产党“缩小城乡差距、促进社会公平”的执政目标和全体人民共同富裕的社会主义本质要求。

第二节 乡村治理的案例分析

从改革开放至今，我国在“乡政村治”制度体系下实行村民自治，在这其间不仅注重乡村治理的顶层设计，还注重根据实际情况给乡村基层赋权创新治理模式。各个地方为实现本地乡村社会良性发展，在国家制度框架内采取了诸多创造性的治理举措，有代表性的包括发达地区的全面城市化治理、欠发达地区的村代会常任制治理、新型村社一体化治理和“党建＋乡村特色”治理等，这些乡村治理模式为新时代乡村治理现代化提供了不可多得的参考素材。

一、发达地区的全面城市化治理

在我国发达地区尤其是东南沿海地区，中心城市密集且发展速度快，有效地带动了周边乡村的发展，使乡村治理模式向城市治理方式转变，农村生产力水平不断提高，农村经济不断发展，一些乡村呈现出全面城市化治理的特点。

（一）乡村全面城市化治理的形成途径

1. 中心城市的辐射与吞并

一些中心城市的发展需求不断扩大，直接带动了乡村的相关产业发展，逐渐将周边乡村纳入城市管辖体系，客观上促进了乡村的城市化进程。在此背景下，原本的乡村治理模式被城市治理模式所代替，甚至村委会逐渐由街委会所代替。这种乡村治理的城市化途径是比较常见的，在今天这种形式仍然存在。由于中心城市的扩张，乡村治理体系的纳入和兼并也导致了特大型城市的增多。

2. 乡村社区建设的蓬勃开展

进入21世纪以来，乡村社会治理模式向社区化发展，即社区化治理。它的主要含义是指在本社区范围内就公民之间、公民组织之间、公民与公民组织之间某些共同事务进行自由加入、平等参与、共同决策、共享权利、共担责任的一种基层社会的现代自由与民主的治理模式。农村的社区建设主要是指通过小村与小村合并成为大的社区，发展壮大后的社区进行统一管理。乡村联合管理在一定程度上可以整合资源，节约管理成本和政策宣传成本，也有利于发展乡镇企业。随着社区建设的不断扩大，就出现了乡村治理全面城市化的趋势。

（二）乡村治理全面城市化的典型：华西村治理模式

华西村位于江苏省江阴市华士镇，地理优势明显，交通便利，周边有苏州、上海、无锡等大城市环绕。改革开放以来，华西村经济持续高速发展，形成了纺织、钢铁、旅游等多个支柱产业，迅速占领市场，在全国农村中率先实现“学有优教、劳有高得、病有良医、老有保养、住有宜居”。华西村通过社区化治理，实现了向全面城市化治理的转型。

1. 社区党组织

华西村社区党组织成立于1957年，经过多年发展，于1989年建立江苏首个村级党委，由村委会、5个党支部、10个党小组管理华西公司，形成了“三位一体”的社区组织体系，共同管理社区和村民。社区党组织在处理公共事务中处于领导地位，发挥着先锋作用，统筹带领村里的自治组织、集团企业和志愿团体等组织。

2. 社区自治组织

社区自治组织主要指村委会，但是华西村独特的党、政、企“三位一体”模式，使得华西村三个招牌一套班子，村委会主要负责华西社区的财政、后勤服务，其治理功能没有得到凸显。除此以外，华西村村委会有一定的行政事务处理权，例如：村内人员外出开厂经营，需要得到村委会的批准；外来打工者申请加入华西户籍时，需要经过村委会的筛选等。

3. 社区集体经济组织

华西集团是华西村社区的集体经济组织，创立于1994年，是我国大型乡镇企业之一。华西集团掌握着社区的集体资金，在华西村社区规划、村民生活保障等重大事项中发挥着极其重要的作用。

华西村的治理模式体现了城市治理和乡村治理的结合，将更多的城市元素融入乡村中去，开启了乡村农业化向工业化转变的新篇章，让村民享有了市民待遇，成了乡村社区治理向全面城市化转变的典型代表。但是，这种治理模式需要一个强有力的带头人，充分利用乡村的地理优势和资源禀赋，才有可能成功。因此，华西村治理模式的推广性和复制性还有待实践检验。

二、欠发达地区的村代会常任制治理

（一）村代会常任制治理的产生背景

区域发展不平衡是我国社会发展所面临的突出问题，欠发达地区的乡村治理往往普遍存在经济发展水平较低、劳动力缺失、村民分布比较分散等制约因素，村民自治水平较低，乡村治理基本是由村两委来主导，村两委在乡镇政府的指导下管理乡村和村民事务，村民对于维护自身权利的意识比较薄弱，村民参与乡村政治事务的意愿也不够强烈，长期以来导致乡村自治基本流于形式。近年来，一些欠发达地区为了进一步加强乡村自治，探索了村代会常任制治理模式，有利于从真正意义上将村民的意志体现出来，强化村代会的决策监督权，为乡村自治探索新的实现形式。

具体来讲，村代会常任制是指“党支部领导、村代会做主、村委会办事”的制度，这种制度突出了在党的领导下村代会的作用，加强了党的领导，调整了乡村治理结构，把民主放在更加重要的位置，依法规范管理村务。需要明确的是，村代会常任制没有跨越乡村治理的制度规范，而是建立在国家现有的乡村制度体系内的创新，是对乡村治理结构和工作方式的调整。在这一框架下，党支部发挥政策引导和领导核心作用，抓大放小，进而确定乡村治理方向；村代会由之前的虚置变为实置，保证村民民主权利的实现，行使监督权和决策权；村委会依法依规管理乡村事务，落实村代会的决定。村代会常任制拉近了乡村党组织和乡村自治组织的距离，社会矛盾在村代会层面得到化解，使乡村治理成效得到明显提高。

（二）村代会常任制治理典型：“青县模式”

青县位于河北省沧州市北部，有345个行政村。青县的乡村里曾经长期存在党支部领导失灵、民主参与渠道不畅通和两委矛盾突出等问题，使乡村治理效果大打折扣，不仅削弱了党的领导基础，阻碍了乡村治理政策的实施，也增加了乡村的不稳定因素。在一次解决青县陈嘴乡石楼村矛盾的过程中，该县总结经验抓住契机，尝试把村民代表大会（以下简称“村代会”）作为常任制机构，探索出了把村代会建设成为经常性实体议事组织的思路和做法。这一模式没有超出国家关于乡村组织和机构设置法规的范畴，是一种基层治理的创新。通过几年的示范、推广和指导，这一乡村治理模式进入了常态化实施阶段，为促进青县各乡村的规范有序发展作出了重要贡献。在乡村治理的研究中，很多学者将其称为“青县模式”。该治理模式的主要特色有以下两点：

1. 进行乡村治理结构调整

自从“乡政村治”的乡村治理格局形成以来，我国最常见的乡村自治模式就是由村党支部和村委会来进行乡村事务管理，同时由村代会对乡村事务进行民主监督。然而，《村民委员会组织法》的相关规定只明确了村代会的召开每年不得少于2次，并且在相当部分地区乡村的实际操作中，村代会的召开也都不是经常性的。青县陈嘴乡石楼村在遵守国家相关法律规定的前提下，创造性地将村代会常设化，调整村内部组织的权责，将村代会作为与党支部、村委会相并列的组织机构，极大地增强了村民的话语权，更好地维护了村民会议在村内重大事务的最终决定权地位，凸显了村民在乡村治理过程中的主体地位。就具体操作而言，从10~15个家庭中推选出来一名村民作为这些户家庭的代表，参与行使日常决策的决定和监督权，同时选举出村代会主席，由村代会主席取代村委会召集村代会的功能，每月召开一次，或者经三分之一以上的村民代表提议可以随时召开。在这种情况下，村代会流于形式的问题得到了根本解决。这种模式特别适用于面积相对较大、人数较多和居住比较分散的村庄，因为这种模式可以保证村民代表来自乡村的不同区域，更大程度地汇聚民意。村代会常任制改变了传统的村两委的格局，形成了村庄三个组织的共同治理格局。议题由村党支部、村委会和村代会的联席会议共同商定。村委会的职能则是更专注地对决议进行执行和日常事务进行管理，村委会干部真正走上处理乡村事务和落实决策的前线，并接受监督。

2. 发挥好村党支部的引领作用

实行村代会常任制，虽然增设了一个组织，但并没有影响党支部领航作用的发挥，反而对党支部的领导力提出了更高的要求。要加强和改善党对乡村工作的领导，一方面，党支部不应该事无巨细，包揽所有事务，要坚决杜绝村支部书记一人说了算；另一方面，党支部也不能软弱涣散，把所有事情都推给村委会。青县乡村的做法就是将党支部的领导作用发挥在刀刃上，做到科学领导、依法领导和民主领导。

第一，科学领导，体现在村党支部找准定位，注重规范，注重有效性，充分发挥牵头作用，把握乡村发展的主要方向，在宣传和落实中央和上级政策时要走在第一线，始终成为党在乡村工作的主抓手，没有因为村代会的设置而被削弱权威和影响力。

第二，依法领导，就是确保村委会和村代会的日常运转符合相关法律法规，保证村委会和村代会按照程序依法选举，并带领村委会和村代会结合村庄发展实际制定符合本村治理的村规民约，提升村民的守法、用法意识。

第三，民主领导，就是党支部带头信任村委会和村代会把乡村事情办好，把村党支部的领导与村民当家作主充分结合起来，为村代会选举、决策、民主和监督积极创造有利条件。

总体来看，“青县模式”通过对乡村治理结构进行调整，既保障了村党支部对乡村事务的领导，又避免了以往村委会和村党支部的权责不清和互相推诿，确保了村民当家作主的权利，是乡村治理模式的一种成功实践。

三、新型村社一体化治理

（一）新型村社一体化治理的背景

进入新时代，党中央提出了一系列关于乡村发展的重大举措，其中重要的一条就是稳定农村土地承包关系并保持长久不变，对农村通过承包经营权入股产业化给予法律地位的认可，尤其是“三权分置”政策，有利于盘活村民的土地资源，释放发展潜力，对于村民来说是重大利好。

在这种背景下，有的乡村积极探索乡村治理模式，将确权的承包地自愿流转给“村社一体”的合作社，由合作社统一管理经营。这样做，一方面夯实了集体所有制基础，坚定了村民走集体化发展道路的决心；另一方面使集体和村民个人的各类产权关系更加清晰，权益归属更加明确。与此同时，这种模式还可以吸引外出打工的青年回流到乡村，有效地解决空心村所带来的土地大面积荒置和留守老人、儿童等问题。

由于这种“村社一体”治理模式是基于自愿的、有股权激励性质的，村民只是以土地经营权的形式入股，与过去的“大锅饭”和传统的人身依附的集体经济有显著区别，因此可以称为新型村社一体化治理模式。

（二）新型村社一体化治理的典型：塘约道路

塘约村位于贵州省安顺市，人口有 3000 余人，距县城 15 公里。该村各方面建设一直比较落后，尤其在 2014 年遭受一场洪水后变得更加贫困。随着国家以“三权分置”为主要内容的土地改革开始后，该村党支部抓住政策机遇，结合该村实际，努力探索治理模式，成立了“村社一体”的合作社。村民以自愿形式将具有承包权的土地流转到合作社，由合作社统一管理和集约经营，通过与民营企业等社会资本合作的方式，走合作共富的村民命运共同体道路。

1. *以乡村产权确权为基础*

塘约村以土地确权为契机，对村里的土地资源进行整合，通过信息系统建设来打造塘约村土地流转管理平台，就集体土地承包权和经营权以及建设用地使用权在内的共计“七权”进行登记，并且颁证，给广大村民吃了一颗定心丸，使村民对自身的权益更加清晰。在确权之前，由于集体土地相关的各种产权存在不少纠纷，并且将土地流转出去的做法并不多见，导致土地用途始终比较单一，不利于引入先进的管理技术和集中经营。确权之后，村民不再担忧自己如何将土地价值最大化，只需要授权经营，就可以使土地资源流通起来，实现了资源的优化配置，也有利于适度规模经营。

2. *以发展集体经济为特色*

塘约村创新机构设置，村党支部把村合作社、企业和入社村民统筹起来，发展乡村集体经济，紧紧依靠“互联网 + 农产品”的销售拓展形式，打通物流和配送渠道。党支部进行总体规划，引领合作社、企业和村民统一种植、统一销售、统一财务管理等，实行现代农业和旅游业相结合的发展思路，多措并举壮大村级集体经济，使集体资产增值，村民成为股东，村民的收入实现多元化，村民和乡村经济的利益深度融合，成为乡村命运共同体。

随着塘约模式的成功，越来越多的外地务工人员返乡，为该村经济发展进一步注入新的活力。外地返乡人员回村后将土地流转给合作社，并增加资金入股。有些乡村的年轻一代既不愿继续留在农村，也难以容忍城市生活。针对这种情况，塘约合作社专门与他们协商，通过签订协议和提供优惠贷款的方式鼓励他们创业。塘约村的模式在其周边乃至全国都产生了积极影响，引起了越来越多的关注。

塘约道路的改革实践建立在捋顺和创新乡村治理主体关系基础之上，村党支部通过合作社和企业来引领乡村市场化发展，村委会则专心做好村庄日常事务管理，做好公共服务等工作。这种多元化治理主体的创造性和村内各组织之间良性的分工是塘约道路能够成功并且持续发展的基础。

四、“党建 + 乡村特色”治理

（一）“党建 + 乡村特色”治理的背景

自从 2019 年 6 月开始的“不忘初心、牢记使命”主题教育实践活动开展以来，我国广大乡村认真落实主题教育关于加强党的基层组织建设的要求，积极将乡村本地特色与党建相结合，把乡村基层党建融入生产、生活和治理的各个方面，探索出“党建＋乡村特色”治理模式，让党建真正引领乡村发展。

党建本身从狭义的角度理解是关于党的工作的专属概念，属于党务工作的范畴，主要包括党的政治建设、思想建设、组织建设、作风建设、纪律建设和制度建设等。党建工作一般被作为一种单独的工作，与业务工作相比，在很多情况下被视为是两种不同性质的工作，在乡村层面就更是如此。在乡村创新“党建＋乡村特色”的工作模式是一种主动加强党对乡村事务全面领导的新作为，将党建贯穿到乡村发展的每一个角落，把乡村的优势资源通过党建这个平台更好地利用起来，是新时代党为人民服务的宗旨在乡村治理中的体现。

（二）“党建＋乡村特色”治理典型：海南大石岭村实践

大石岭村位于海南省万宁市山根镇东北部，现有2个自然村和6个村民小组。由于地处热带气候，全村主要以特色种植业、红色旅游和休闲旅游为特色。近年来，该村牢牢把握国家实施乡村振兴的良好机遇，以党建为统领，以服务为宗旨，以“党建+”治理理念全面推行“党建＋文化”“党建＋乡村善治”“党建＋产业”“党建＋旅游”等工作，充分发挥基层组织的堡垒作用，团结和带领党员群众齐心协力开展美丽乡村建设，发展特色产业，完善基础设施，促进村民增加收入，提升村民幸福指数，成为“党建＋乡村特色”治理的典型。通过实地走访调研，笔者总结出有关“党建＋乡村特色”的几个方面的内容。

1. 党建＋特色农业

大石岭村党支部带领群众不断扩大特色富硒农产品的种植规模，积极打造大石岭村富硒农产品品牌；让懂海产养殖技术的党员与村民结成帮扶对子，不断扩大海产养殖规模，有效促进农民增收。

2. 党建＋乡村旅游

大石岭村充分借助交通区位、资源特色、红色文化等，搭建“村党支部＋公司＋农户”平台，将休闲特色农业和乡村旅游相结合，不断完善旅游服务功能，开创了大石岭乡村旅游新局面。

3. 党建＋美丽乡村

大石岭村以党支部为领导核心，深度融合各类资源，在红色文化、自然风光、特色农业方面做文章、下功夫，逐步建设成集红色旅游、爱国教育、民俗体验、观光农业、乡村休闲的美丽乡村综合体。

4. 党建＋共享农庄。

强化党建促集体经济发展，引人旅游企业合作，为村庄发展提供智力支持，发展共享书屋、共享农庄、乡村骑行等项目，以党建助推美丽乡村建设。

海南大石岭村的“党建＋乡村特色”治理实践，对于如何将党建工作向纵深推进并促进乡村治理做了有益尝试，为在乡村治理现代化中更好地发挥党建的作用提供了宝贵经验。

第五章　关于乡村治理的深入思考

本章的主要内容是关于乡村治理的深入思考，主要对扶贫与乡村振兴的内容进行了分析，同时对乡村治理的发展与创新进行了思考，希望可以为广大读者提供一定的参考。

第一节　推动乡村人才振兴

乡村振兴最关键的因素是人，最需要的是人才。村民作为农村的主体，是农村的主人和守护者，是农村生产力中最活跃的因素和农村社会进步的推动者。实施乡村振兴战略要发挥农民的主体作用，要统筹处理好农村劳动力流失的人口“空心化”问题，要在引人才、留人才、育人才等政策措施的制定方面下足功夫。

一、发挥农民的主体作用

农民的主体作用是指农民在乡村建设发展的过程中作为建设的主体出现，充当建设活动的主角，主动地发挥农民的智慧和创造力，并成为创造和建设活动成果的占有人和享有者。《乡村振兴战略规划（2018—2022 年）》指出，“坚持农民主体地位。充分尊重农民意愿，切实发挥农民在乡村振兴中的主体作用，调动亿万农民的积极性、主动性、创造性，把维护农民群众根本利益、促进农民共同富裕作为出发点和落脚点，促进农民持续增收，不断提升农民的获得感、幸福感、安全感”。可见，推进乡村振兴战略要保障农民主体地位，发挥农民主体作用，激发成千上万农村人口的自主性、能动性和创造力，使农民成为脱贫攻坚事业和乡村振兴的主体。推进乡村振兴战略需要让广大农民成为乡村振兴的主体力量，而不是旁观者和跟随者。要使农民成为乡村振兴的主体力量，就必须确立农民在乡村的主体地位。

（一）发挥农民主体作用的必要性

1. 发挥农民主体作用是践行新时代以人民为中心的价值取向

农村是我国经济社会建设的重要区域，农民问题仍然是新时代建设发展的基本问题，而广大农民是新时代建设的基本依靠力量和践行以人民为中心价值取向的重要目标群体。以人民为中心贯彻落实到乡村振兴战略中，就是以农民为中心，其最基本的要求就是要以农民为主体，尊重农民的意愿，以农民为基本依靠力量，最广泛、最充分地调动农民建设新农村的积极性、主动性和创造性，推动农村经济社会的全面进步。因此，要以广大农民的利益增加作为“三农”工作的出发点，心中有农民，时刻关心和解决事关广大农民切身利益的现实问题，要以实现广大农民日益广泛的美好生活需要为目标，推进乡村振兴战略，促进乡村全面发展与进步，把乡村建设成为广大农民的美好生活家园。

2. 发挥农民主体作用是落实新发展理念的基本要求

在乡村振兴战略中，广大农民是中国特色社会主义建设成果享有者的重要群体，要以广大农民为主体，让农民自己建设自己的家园，表达出自己的想法并且靠自己的努力达成。如果脱离了农民的主体性作用，违背了农民的愿望，那么就不能体现出共享发展理念。所以，乡村振兴必须要能够体现出农民的主体性作用。

3. 发挥农民主体作用源于农村地域差异的客观要求

我国地域辽阔，各个地区、各个乡村的地域差异较大。经济条件不同、基础设施不同、文化习俗不同、地形地貌不同、资源禀赋不同，这些都表明了乡村振兴不能是“千村一面”的，要实现“各有其美”，因地制宜、结合实际，走有特色的振兴道路。这就要求各个地方的农民参与其中，充分发挥其积极性和主动性，使其为乡村建设建言献策、贡献力量。

（二）实施乡村振兴战略中发挥农民主体作用存在的问题

改革开放以来，特别是进入新世纪，中央提出建设社会主义新农村，采取了一系列社会经济政策，如取消农业税费、逐步建立农村社会保障制度、农业各种优惠政策等。国家开始对农村减税、免税费，也增大了对农村基础设施和公共服务的投入，投入增幅也在逐年增加。农村各方面都有了明显的改善，广大农民和农村也获得了一些实惠。但是，就是在这样好的形势下，大部分农村依然无法吸引和留住中青年农民。这里的问题肯定很多，除了农村机会少、务农辛苦，以及农村现状的改善跟不上农民的需要和期望等原因外，还有一个关键原因是在许多农村建设中，农民的主体作用没有得到发挥。

1. 农民振兴乡村的社会主体意识缺位

社会主体意识是相对于个人主体意识而言的，是指人们明确地意识到自己是社会整体中的一分子，认识到自己的发展与社会整体的发展息息相关，知道自己与社会整体一损俱损、一荣俱荣。因此，人们能够自觉地从促进社会发展的大局出发，积极发挥自身在推动社会进步中的作用。改革开放以来，虽然我国农民的个体主体意识不断增强，但其社会主体意识却始终未能形成。如果农民缺乏社会责任感，就难以正确认识乡村整体利益与自身小我利益、长远利益与眼前利益的关系，因而也就难以形成振兴乡村的积极性和主动性。农民振兴乡村的社会主体意识缺位的一个最重要的表现就是作为主体最主要组成的青壮年劳动力外流严重。农村社会空心化严重，成为一个没有主体成员的社会，即“无主体熟人社会”。2018 年 7 月 25 日，中国社科院农村所、中国社会科学出版社在北京联合发布的《中国农村发展报告（2018）》指出，随着城镇化快速推进，农村大量青壮年劳动力进城务工和安家落户，导致农村人口老龄化、村庄“空心化”“三留守”等问题日益严重。

2. 农民工返乡创业支持乡村振兴有一定发展，但还不成气候

乡村振兴离不开产业振兴，产业振兴离不开产业人才的回归和参与。那么，谁是乡村振兴战略可以依赖的工作队伍和产业人才队伍呢？目前，农村留守人员以妇女、老人、学龄少年和儿童为主，但是，他们支撑不了乡村振兴战略和乡村全面振兴。乡村振兴的最佳人选就是数量庞大的外出农民工。农民工也是农民的一部分，但因为他们在城镇市场及第二产业和第三产业打拼多年，有一定的资金、技术和知识储备，且他们的根在农村，房屋、土地和亲人也在农村，落叶归根的思想和乡村振兴战略在这一刻可以实现有机融合。近年来，党中央、国务院陆续出台《关于支持农民工等人员返乡创业的意见》《关于支持返乡下乡人员创业创新促进农村一二三产业融合发展的意见》《关于促进农村创业创新园区（基地）建设的指导意见》等促进农民创业的政策支持文件，全国各地各有关部门把农村创业创新作为重大战略任务进行谋划实施，不断优化创业环境。返乡创业，参与乡村振兴，开始成为一部分农民工的选择。人社部就业司调研发现，返乡创业人群以中青年为主，目前进入快速增长阶段。根据农业农村部的最新统计，目前我国返乡创业农民工总数已达 520 万人，且规模持续扩大，近五年增幅均保持在两位数左右。应该说，当前农民工返乡创业一定数量的出现具有相当合理性，既有农民工群体结构的变化，也有时代大趋势的影响。从农民工自身来说，多年在城市打工积累的人力、技术和资金优势，可以与家乡的资源进行对接，同时在家门口创

业就业，也可以缓解两地分居带来的家庭分离之苦。从时代发展大势来看，进入21世纪以来，我国整体上进入了以工补农、以城带乡的城乡统筹发展新阶段。尤其是近些年来，一方面，大量沿海产业向内地农村转移，使得很多农村有了产业基础，而随着精准扶贫在全国范围铺开，大量的人力物力下沉到农村，这不仅为农民工返乡务工提供岗位，也为农民工返乡创业提供了更多市场机遇。另一方面，新产业、新业态、新模式和产业融合项目的出现，让农村能够更好地融入整个国家的发展，城乡之间畅通的信息、物流网络，使得农村优质资源和城市消费市场的有效连接成为可能。农民工因了解城市需求，又熟悉网络等现代手段，且在农村有田有地有社会资本，返乡创业就能享受城乡联动的红利。但是，对总量达到2.8亿左右的农民工群体来说，返乡创业比率还很低，特别是主动返乡创业的比例更小。

（三）在实施乡村振兴战略中发挥农民主体作用的路径思考

坚持发挥农民在乡村振兴中的主体作用，要建立和完善能够保障有效实现农民在乡村振兴中主体地位的制度，完善和创新能够实现农民作为治理主体、建设主体和受益主体的乡村治理组织结构。

1. 增强农民对乡村和乡村发展的认同感

发挥农民主体作用最根本的是要农民参与乡村振兴中。认同观念一旦形成，就会进一步促使农民持久参与。因此，如何增强广大农民对乡村和乡村振兴的认同感，是推动他们参加乡村振兴事业中来的关键。长期以来，社会对乡村的理解，在价值上存在着城市中心主义价值取向。这种取向是随工业化和城市化而来的，不管是以前提的“乡愁”，还是其他乡村建设，实际上持有的都是城市中心主义价值，即用城市的价值来衡量乡村以及乡村建设，把乡村看作城市的附庸，认为乡村建设是为了满足城市需求的行动，时时刻刻用城市标准去衡量乡村，更有的人把乡村建设视为为城市解困的手段。这种观念经过媒体舆论的宣传后，会进入农民的思想观念中。

要激发农民的主体作用，首先就要改变停留在广大农民思想观念中这种对乡村“落后”“没出息”的思想观。如果农民对乡村和乡村振兴战略不认同、不理解，就谈不上支持和参与，乡村振兴战略就缺少最根本的动力源泉。而每个人思想观念的改变受限于其眼界和对外界事物的认知能力，农民同样如此。思想是行动的先导，只有思想上认可、理念上认同，农民参与乡村振兴的主体意识才会被激发，才能勇敢、自觉地担负起责任，才会留在乡村，成为乡村振兴的积极拥护者、践行者、受益者，乡村振兴才会有源源不断的活力涌现。要建立有效的宣传机制，通过宣传增强广大农民对乡村的认同感，既需要在理论层面上讲深讲透，也需要用接地气的方式，用农民能理解的语言进行广泛传播，让广大农民认识到乡村振兴能给他们的生活带来什么样的变化；要拓宽宣传途径，形成强大宣教阵容，宣教攻势，对农民进行新思想、新理念、新作为的宣传引导，把新时代农村发展的新思想、新要求、新变化等灌输给农民，让农民真切感受到乡村的好，从而有留在乡村参与乡村建设的积极性。

2. 出台更有效的政策，支持农民工和外出的农民返乡创业

目前，外出农民工和农民返乡创业还存在一些困难，主要表现为：

第一，农民创业资金不足，只能自筹居多，创业融资渠道不畅。创业融资渠道不畅仍然是制约农民创业的最大瓶颈。究其原因，主要有：贷款设置门槛过高、程序繁多。银行在发放贷款过程中，为了防风险，设置了企业正常运营期限、贷款者年龄等附加条件。申请贷款须经工、青、妇推荐、人社受理、银行审核发放等程序，创业者需要往返于多地多部门，这让许多农民创业者望而生畏；由于地方财政注入的担保基金有限，部分县（区）担保基金规模不足，经办银行设置一定比例放贷，放贷比例偏低，影响了政策的效应发挥等。

第二，农民工创业者组织化程度不高，优势资源整合能力不强。农民创业者更多是结合自身创业领域和经营经验自行独立创业或自行组建农村合作社，这不利于开拓市场和抵御市场风险。农民创业政策支持存在政出多门的现象。目前，从中央到地方，在推动农民工返乡创业项目支持上有发改委部门结合新型城镇化开展的支持农民工等人员返乡创业试点项目、人社部门主导的支持农民工等人员返乡创业工作、农业部门推动的农业产业园建设和工信部门实施的小微型企业工业园等，相关部门缺乏统一协调推进，农民创业扶持政策尚未产生叠加效应。

第三，缺乏农民工创业培训长效机制，培训促进创业的效果不明显。农民创业主要集中在与其务工经历相关的行业领域，农民创业者普遍缺乏有效的专业培训指导，一些部门开展的技术培训未能与创业培训、管理培训、农业技术培训、市场营销培训等有机结合，各种培训课程偏向理论方面的知识内容较多，有针对性的实操培训内容偏少。因此，要进一步优化制度设计，完善农民工返乡创业的政策支持，一是拓宽农民工返乡创业的融资渠道，建议从国家层面尽快出台有关农民创业贷款的相关政策和操作办法，进一步放宽贷款条件，降低贷款门槛，简化审批流程，调整担保基金放贷比例，缓解农民工创业过程中贷款难、贷款慢、程序繁多等问题；设立返乡创业扶持基金，加大返乡创业担保贷款政策实施力度，鼓励金融机构推进农村金融业务创新，发展农村“互联网 + 信贷”，加大农民工

创业贷款产品的开发力度。二是强化载体建设，打造县级返乡创业综合服务平台，建立农民工返乡创业园区和返乡创业孵化基地，完善创业平台服务功能和扶持政策，引入专业化创业服务机构进行运营，提高服务水平；鼓励地方政府依托基层就业和社会保障服务平台，整合各职能部门涉及农民创业的服务职能，建立融资、融智、融商一体化的创业服务中心。三是完善助力农民创业的精准培训，实施农民工返乡创业培训专项行动，进一步整合培训资金和师资资源，围绕精准脱贫、产业扶贫开展实用技术和创业培训，将培训工作与创业园区用工、技工院校培训、创业担保贷款、技能大赛等相结合，提高返乡农民工参加培训的积极性；有效整合各类培训优势资源，结合国家最新政策和市场导向，采取联合培训、定向培训、项目培训、委托培训、建立培训基地等方式开展农民创业实际需求和实用技术培训，不断增强培训时效和农民工创业能力。四是发挥农民工创业成功者的示范带动能力，推进农村青年创业致富带头人培养计划，从返乡创业农民工中物色优秀分子加入农村基层自治组织管理，通过电视、网络、报纸、展板等多种方式对农民创业成功案例进行深度宣传推介，并组织农民工创业成功者进行经验宣讲，发挥示范引领作用，从而带动更多有创业基础的农民实现脱贫致富。

3. 对农民“赋权”“增能”，提高其主体性作用发挥的权利和能力

主体性的关键就是权力（权利）和能力问题。也就是说，农民主体性的核心是“赋权”“增能”，这需要从体制和机制上进行解决。现实情况表明，农民不论是在社会权利、市场权利还是政治权利上都存在着明显的不足。要想破解乡村振兴中农民主体性地位缺失造成的困境，就要把农民该有的权利还给农民，增加农民参与能力，具体包括以下几个权利：

（1）经济权利和能力

乡村振兴的基础是经济振兴，农民经营能力、市场能力的提升是经济振兴的根本。虽然中国的市场经济改革从农村开始，但是，农村的市场经济建设远远落后于城市，农民还没有获得与城市居民同等的经济权利。换言之，虽然我国的改革始于农村，但是，农村还没有形成真正的市场经济体系，目前在经济体制上城乡依然还是分割的，依然还是二元的。乡村振兴，首先要破除这种分割的经济体制，要按市场经济原则要求构建城乡融合的市场经济体制。这实际上就是经济权利的问题，包括清晰的产权、交易权、获益权等；其次要创造条件，让农民能参与农村发展项目（如水利建设、道路整修、精准扶贫等）的建设过程。当前，不少农村发展项目在立项实施中完全是由地方政府主导的，在农村项目建设中，应积极倾听农民的建议，让项目建设真正符合他们的诉求；要提升他们的经营能力

和市场能力，使他们成为一个有能力的积极的市场主体，为促进农村产业融合、发展多种经营提供内生动力支持。

（2）公民权

农村基础设施和公共服务远远落后于城镇，体现在农民没有获得与城市居民同等的公民权。国家提出基本公共服务均等化，也就是说，财政体制应该进行改革，按照城乡公共服务和基础设施均等化要求进行配置。

（3）社会治理权利和能力

也就是乡村社会治理应该交由村民做主，充分实现乡村自治要求。村庄本身就是一个生活共同体，应该由村民经营和管理，政府不要过多干涉。由于长期的城乡二元分割，广大农民享受不到城市那么好的公共服务特别是教育和医疗，农民的发展和治理能力存在不适应乡村建设和乡村振兴要求的方面，这也需要政府从政策和资源上来帮助农民提升其能力。要提升农民的治理能力，提高他们参与治理乡村公共事务的水平，可以让专业社会组织对农民开展相应的培训服务；除了让他们学习农业技能外，也要因地制宜开展法律、社会和管理等方面的培训，提高农民参与乡村社会治理的制度化水平。要借助项目实施的过程来培养农民中的精英分子，带动农民治理主体性的整体提高。

（4）要形塑农民的文化主体性

当下的农民在面对蜂拥而至的外部文化和原有的乡村文化时，常常会不知如何是好。他们被裹挟在发展主义的现代化工程中，缺少反思的能力。这种情况的出现也跟当下媒体和舆论不自觉地传播城市现代文化的优越性有关系。因此，要改变这一现状，就要进一步传承、发展优秀的传统农村文化形式。地方文化部门应创造条件，鼓励农民开展各种文化活动，提高农民的文化自信。一方面要为农民提供享受多种多样文化的公共空间和平台，另一方面要让他们有机会接受提升文化反思和吸纳能力的渠道。国家在农村有必要推行各种文化教育，建立相应的体系，同时要为农民搭建文化公共空间，让他们有自己的文化交流平台。

二、乡村振兴中的人才振兴路径

人才振兴是乡村振兴的关键。2018 年《中共中央 国务院关于实施乡村振兴战略的意见》将“畅通智力、技术、管理下乡通道，造就更多乡土人才，强化人才支撑”作为实施乡村振兴战略的重大政策举措之一。2018 年 9 月，中共中央、国务院印发了《乡村振兴战略规划（2018—2022 年）》，指出“实行更加积极、更加开放、更加有效的人才政策，推动乡村人才振兴，让各类人才在乡村大施所能、大展才华、大显身手。”要在留得住人才、培育人才、引进人才等方面下足功夫，破解乡村振兴的人才瓶颈，重构科学合理的农村居民主体，从而为实施乡村振兴战略提供坚强有力的人才保证。

（一）优化生活环境，让农村留得住人才

1. 加强农村基础设施建设，大力改善农村人居环境

第一，继续把基础设施建设重点放在农村，加大财政投入力度，畅通多元投融资渠道，调动各类市场主体的积极性。

第二，加快农村公路、供水、环保、电网、物流、信息、广播电视等基础设施建设，不断提高建设效率和运营管护水平。

第三，建立农村公路路长、乡村道路专管员制度，以示范县、示范乡镇为载体，全面推进“四好农村路”建设。

第四，实施农村饮水安全巩固提升工程，提升农村自来水普及率和集中供水率。

第五，加快新一轮农村电网改造升级，提高农网供电可靠率。

第六，实施数字乡村战略，加快农村地区宽带网络和第四代移动通信网络覆盖步伐，实现包括海岛在内的所有行政村通高速宽带。

2. 促进城乡基本公共服务一体化，提高农村基本公共服务水平

第一，统筹推进县域内城乡义务教育一体化改革，促进义务教育优质均衡发展。

第二，改善薄弱学校基本办学条件，提高乡村中小学和必要教学点标准化建设水平，推进中小学信息化。

第三，加快农村乡镇建设普惠性幼儿园步伐，实施中小学扩容工程，依法保障随迁子女平等接受义务教育。

第四，推进农村普及高中阶段教育，支持教育基础薄弱县普通高中建设。

第五，实行统一的城乡居民医疗保险制度，实行城乡一体化的经办服务管理，消除城乡制度分设、管理分割、资源分散等障碍。

第六，加强妇幼健康服务机构标准化建设，推进基层医疗卫生机构和一体化村卫生所达标建设，实施计划生育家庭发展能力和保障提升工程，开展健康家庭行动和创建幸福家庭活动。

第七，构建多层次农村养老保障体系，盘活用好乡镇敬老院，加快建设一批

农村幸福院，提升农村养老服务设施覆盖率，推动大部分社区卫生服务中心、乡村卫生院有能力为老年人提供康复服务。

第八，推进城乡居民基本养老保险参保面，按照国家统一部署构建基础养老金调整机制。

第九，加强对农业人口的社会保障，缩小城乡低保标准差距，适度扩大农村低保覆盖面，建立城乡统一的居民社保制度，并且针对空心化趋势下农村出现的留守老人和留守儿童问题，出台政策保障老年人的养老问题和儿童的保教问题，构筑社会最底层的保障线，让公共服务均等化覆盖农村，实现农村传统社会中的老有所养、幼有所教、病有所医。

3. 大力发展小城镇，为城乡提供融合点

在多年的城乡二元结构下，农村为城市发展作出了巨大牺牲。随着新型城镇化和乡村振兴战略的加快推进，城镇应该承担责任，助力乡村人才能力提升。长期以来，一些小城镇公共基础设施和公共服务设施相对落后，距离城市还有不小的差距，也就难以留下优质人力资源，发展缺乏人才支撑。乡村振兴要充分发挥小城镇在乡村与城市之间的节点作用，加大小城镇基础设施和公共服务的投入，改善小城镇生活条件。除了通过人员轮训、互联网共享等让乡村分享大城市优质公共资源外，甚至可以在税收（房产税）、土地出让金（城市发展挤占了多数用地指标）等政策上专门设定乡村公共服务发展基金，建立小城镇建设资金投入（补偿）长效机制。

4. 营造爱才敬才的社会氛围

第一，改变重物轻才的传统观念，不断加强电视、互联网、报纸等新闻媒体对乡村人才政策与人才事迹的广泛宣传，让尊重知识、尊重人才成为良好的社会风尚，增强各类人才投入到乡村振兴的伟大事业中的自豪感和荣誉感。

第二，培育先进的人才文化，树立宽容失败的用人理念，营造干事创业的良好氛围，用心用情全面呵护投身乡村振兴事业的各类人才，使广大乡村地区成为人人皆可成才、人人尽展其才的大舞台，增强人才的归属感和自豪感。

（二）加强人才培育，筑牢乡村振兴基石

1. 加强农村专业人才队伍建设

要统筹推进本土人才培育和各类人才下乡。

第一，建立县域专业人才统筹使用制度，推动人才管理职能部门简政放权，保障和落实基层用人主体自主权，统筹使用基层编制资源，加大动态管理力度，

使有限的基层编制资源向乡村农技推广、中小学、幼儿园、卫生院、养老院等领域倾斜。

第二，激发内生动力，进一步加大本土人才培育力度，不断创新培养方式、拓展培养渠道、完善培养机制，满足农村专业人才的理念、知识、技能提升需求；坚持在资金投入、要素配置、制度供给、公共服务等方面优先保障。

第三，围绕产业链、价值链、创新链布局人才链，系统谋划，培养和造就善于致富、带富的乡村本土人才队伍。要大力发展乡村产业，促进农民就近就业、创业，让农业成为有奔头的产业，让农民务农有尊严、干事有平台、成功有回报、失败有保障；不断开发农业的新功能，拓展农业发展空间；结合农耕文化、乡土文化特点，大力发展休闲旅游农业、假日农业等，拓展农业的休闲娱乐功能、生态保养功能、文化传承功能，丰富民众的精神生活、拓宽农民的增收渠道；立足产业支撑"培育人才"，紧盯新兴产业发展目标，加大技术和产业化项目支持力度，以项目带动人才。

第四，推动各类人才下乡，充实农村人才队伍。要落实乡村教师支持计划，推行乡村教师"县管校聘"，促进城乡教师均衡配置；加大代偿学费、教师补充资助计划实施力度，吸引优秀高校毕业生到省级扶贫开发工作重点县任教；加快乡村医生培养，采取"订单定向"培养方式，优化乡村医生队伍结构；开展乡村全科执业助理医师资格考试，推进乡村医生向执业（助理）医师转化；落实在岗乡村医生养老保险与老年乡村医生生活补助政策，加强乡村医生养老保障；继续实施"三支一扶"，组织实施高校毕业生基层成长计划，面向高校毕业生开发一批乡村基层公益性岗位，加强农村基层人才配置；支持高等学校、职业院校创新人才培养模式，为乡村振兴培养专业化人才。

2. 培育新型职业农民

新型职业农民是农业现代化的重要推动者和骨干力量，他们懂农业、爱农村，正在成为农业生产的新的主体。培育新型职业农民，重新建构农业生产的主体，是统筹城乡经济社会发展的必然要求。目前，有些地方对新型职业农民培育重视程度不够，师资力量及资金投入不足，一般重理论、轻实践，培训形式主要以短期一次性培训居多，缺乏现场培训、应季培训、专家一对一指导等方式，导致培训效果不佳。同时，对于参训的农民缺乏细化的选拔管理措施和后续的监督管理。要以推进职业农民制度建设为统领，从队伍建设、教育培养、政策支持和社会保障等方面促进职业农民的全面发展。地方政府需建立健全培训体系，制定严格的培养对象选拔标准，了解农民的基本需求，并充分利用各种社会组织等培训主体，对不同年龄的农民群体因材施教。要实施新型职业农民激励计划，继续推进新型职业农民素质提升工程和农村实用技术远程培训，支持新型职业农民通过弹性学制参加中高等农业职业教育，鼓励开展职业农民职称评定试点。面对农业转型发展的新形势新挑战，要结合现代农业发展中产业化生产、生态化发展、规模化种植以及农产品创新、网络营销等发展趋势，创新农村人才培育机制，支持鼓励各类农民专业合作社、专业技术协会、龙头企业等主体承担培训工作，瞄准农村发展需求灵活设置培训内容，逐步建立多渠道、多层次、多形式的农民教育培训体系，完善农村人才孵化培育链条。要加大农业科技推广力度，形成有效的农业先进技术推广体系，不断提高农民的科技意识和科技致富的能力，让更多的新知识、新技术在农村得以广泛应用，以便提高农业的科技贡献率，着力培养一批农业职业经理人、乡村工匠、文化能人、非遗传承人等乡村振兴所需人才。要实施新型职业农民培育工程，坚持面向产业、融入产业、服务产业，着力建机制、定标准，实施好农业经理人、现代青年农场主和新型农业经营主体带头人等分类培育计划，促进新型职业农民与各类经营主体融合发展，造就大批种植养殖能手、能工巧匠等“土专家”“田秀才”。要加大对新型农民创新创业的扶持力度，改善农业发展环境，通过规模经营、科学经营、多元经营、特色经营等展示未来广阔的发展前景和良好的经济保障，增强农业对青年的吸引力；通过多种形式增强青年农民的机械化、科技化、信息化、市场化、商品化等理念和相应的技能，不断提高新型农民平均素质，辅之以必要的政策优惠和财政支持，增强农业的竞争力；结合户籍制度改革，推动“农民”由身份特征向职业特征转变，逐步推行农民职业资格认证制度以及农民进入与退出机制，让农民成为一种让人向往的职业。

（三）健全体制机制，让农村引得进人才

要解决乡村人才的问题，必须提高认识，通过创新体制机制，构建合理的人口流动机制，搭建有效的人才发展平台等措施。

1. 在制度层面，应加快城乡改革的步伐，建立有利于人才城乡自如流动的有效机制

乡村留不住人的根本原因是城乡政策二元化下利益差距的自增强机制。需要在破解的基础上，改革城乡人才制度，建立起有利于城乡融合、有利于人才城乡自如流动的有效机制。政府应加快推进户籍、社保和医疗等制度改革，消除城市人才下乡的政策障碍，拓宽城市人才下乡的渠道，建立城市人才支援乡村振兴的

长效机制。

第一，改革原来二元结构下的户籍制，使按政策强制迁出农村的、现在要回乡创业的大中专毕业生或从城市下乡创业的人到农村后也能享有与农村居民同等的各项权利。目前，这些人想要入户到农村，几乎没有通道，无法享受相应的社保政策，也难以参与集体组织的分配和选举。户籍身份造成了“回不去的乡村”。

第二，农村土地制度还有进一步改革的空间。要进一步优化农村土地使用权和所有权关系，让回农业的投资者的土地产权障碍得到消解；要探索盘活利用农村闲置农房和宅基地的途径，在用途管制、规划管制的前提下，扩大农村土地尤其是宅基地的流转范围和流转权利。

第三，完善社会保障制度，为人才回流农村提供保障。在城乡居民的社会保障制度还是二元分离的情况下，应探索建立全国通用、通行的医保、社保、养老保障制度，解决回流农村人才的后顾之忧。有条件的发达地区要制定城乡一体的公共服务制度，实现城乡同等条件的基础设施和同等水平的社会保障，为人才回流农村提供保障。

2. 研究制定完善相关政策措施和管理办法，鼓励社会人才投身乡村建设

乡村振兴的主体需要新鲜血液，中国的优良传统文化和乡村建设的需要促进了新乡贤文化的产生，政府理应搭建沟通平台吸引乡贤下乡，让新乡贤的回归成为乡村振兴的巨大推动力。

第一，吸引乡贤下乡要建立合理的激励方式，给予其足够的经济支持，完善乡贤治理模式和监督制度，充分发挥新乡贤及乡村能人的引领作用，带动村民实现共同富裕。

第二，充分发挥新乡贤的政治参与和带动作用，引导留守人员认识到乡村自治的重要性，提高留守人员的参与热情，帮助引领改善乡村自治现有机制。

第三，要厚植“乡土情怀”，以乡情、乡愁为纽带，支持鼓励企业家、党政干部、医生教师、技能人才等通过返乡投资创业、包村包项目、担任志愿者、捐资捐物等方式服务乡村振兴事业。

第四，要扎扎实实做好“筑巢引凤”工作，不断强化政策保障，继续实施“三支一扶”、特岗教师计划、“雁归工程”，吸引更多的人才在乡村振兴中施展才华、建功立业。

第五，建立城乡、区域、校地之间人才培养合作与交流机制。要大力发挥政府的主导作用，有计划地安排城市人才轮流下乡进行“智力支农”活动，建立城市机关公职人员轮流到农村工作制度，并将其作为提拔、晋级的重要依据，如改

进职称评定机制，建立城市教师、医生对口支援乡村制度，选派他们轮流到农村和边远地区支教、支医，并将其作为评职、评优的先决条件。

第六，全面深入推行科技特派员制度，创新选派方式、利益分配、政策供给等工作机制，加大科技人才选拔力度，促进科技特派员工作向第二产业和第三产业拓展；健全种业等领域科研人员以知识产权明晰为基础、以知识价值为导向的分配政策；允许农技人员通过提供增值服务合理取酬；建立城乡、区域、校地之间人才培养合作与交流机制，鼓励城市专业人才参与乡村振兴。

第七，要充分挖掘城市富余的人力和技术资源，让关心、关注和支持农村发展的有志人士，如企业家、艺术家和社会学家等愿意带着知识、技术和资金投入乡村的建设和发展。

3. 建立外出务工人员和大学生回乡创业帮扶机制

政府要从政策上做好引导和倾斜，构建城乡人员互动流通体制和机制，并制定相应的法律法规上给予保障，尤其要让外出务工人员感受到政府对农村建设的强大支持，愿意带着先进的技术和“第一桶金”回到家乡安居创业，带动乡村的发展。只有让人才和资源都回到乡村广阔的土地上，掀起“草根创业”的新潮，形成“人人创新”的新势态，农业、农村和农民才会重新释放出活力。要构建大学生回乡创业支持体系，制定大学生回乡实践和服务计划；同时要建立健全大学生回乡双创支撑服务体系，让年轻人多了解乡村的文化和乡村的发展，培养对乡村的感情，这样才有可能让人才留到乡村，为乡村发展不断输入新鲜的血液。根据不同区域发展现状，要面向乡村基层需要定向培养留守村内的人才，鼓励大学生深入乡村基层，将理论知识与实践紧密结合，扎根农村一线，提高乡村自治主体的综合素质。

（四）新型职业农民的建设与培养

1. 新型职业农民的概念

目前，我国的“农民”概念从广义上理解多指“农业人口”，指的是“农业人口”的一种身份。1958 年以后，随着户籍制度的实施，我国开始将持有农村户口的农村人口统称为“农业人口”，与此相对应的是“非农业人口”，“农民”泛指“农业人口”。在这种定义下，在不同的语境中的“农民”这一词汇往往不是一种职业含义，更多的是一种社会等级、个人身份、社会资源占有状况、生存状态、社会组织形式，甚至是一种文化模式和社会心理结构，因此，我们把这种按身份划分的农民称为“身份农民”。“身份农民”反映了我国二元社会结构的现状。

户籍制度及其相关政策赋予农民的这一不公平的身份，是造成我国当前农民素质不高的重要原因。

新型职业农民是以农业为职业、具有相应的专业技能、收入主要来自农业生产经营并达到相当水平的现代农业从业者。新型职业农民是相对于传统农民和兼业农户而言的。在此概念提出来之前，国家曾提出新型农民和职业农民的说法。新型农民是在2005年党的十六届五中全会中提出的，即为适应现代农业发展和建设社会主义新农村的需要，切实提高农民文化素质和技能水平，培养的有文化、懂技术、会经营的新型农民。新型农民强调的是时代性、现代性。职业农民强调的是农民职业属性，突出农民的专业特点。职业农民是为了区别身份概念的农民，是专门从事农业生产和经营的农业从业者。新型职业农民将新型农民和职业农民有机地结合起来，是适应我国农村劳动力结构变化和现代农业发展的新形势的需要，体现了农民从身份向职业的转变，从兼业向专业转变、从传统农业生产方式向现代农业生产经营方式转变的特点。

2. 新型职业农民的分类

（1）生产型职业农民

生产型职业农民是指掌握一定的农业生产技术，有较丰富的农业生产经验，有一定的资金投入能力，收入主要来自农业的农业劳动力，即直接从事园艺、鲜活食品、经济作物、创汇农业等附加值较高的农业生产的群体，如种植大户、养殖大户和加工大户等。

（2）技能型职业农民

技能型职业农民是指具有一定专业技能，在农民合作社、家庭农场、专业大户、农业企业等新型生产经营主体中较为稳定地从事农业劳动作业，并以此为主要收入来源的农业劳动力，如农业工人、农业雇员和技术指导人员等。

（3）服务型职业农民

服务型职业农民是指掌握一定农业服务技能，服务于农业产前、产中和产后，并以此为主要收入来源的农业社会化服务人员，如农村信息员、农机服务人员、统防统治植保员和村级动物防疫员等农业社会化服务人员。

（4）经营型职业农民

经营型职业农民是指有资金或技术，掌握农业生产技术，有较强的农业生产经营管理经验，主要从事农业生产的经营管理工作的群体，如农民专业合作社负责人、涉农企业领办人和家庭农场领办人等。

3. 新型职业农民的特点

（1）以专业化为手段，强调传统兼业农民向各类专业农民的变革

传统的农业生产是“小而全”，农民的兼业化现象较为严重。新型职业农民与传统农民相比，更加强调以专业化为手段，实现从兼业农民向各类专业农民的转变。随着农村生产力水平的提高和分工分业的发展，无论是种养、农机等专业大户，还是各种类型的农民合作社，都集中于农业生产经营的某个领域、品种或环节，开展专业化的生产经营活动。从全球范围来看，农业分工分业是现代农业发展的大势所趋。在现阶段，我国重点培育的新型职业农民包括三种类型，即生产经营型、专业技能型和社会服务型。其中，生产经营型农民作为现代农业生产中的“白领”，是新型职业农民培育的重中之重。每类新型职业农民对专业化的要求都比较高，都需要具备扎实的专业知识和娴熟的专业能力，以适应现代化农业生产的需要。因此，在培育新型职业农民的过程中，要不断提高其专业化水平。

（2）以市场化为导向，强调传统经营方式向现代经营方式的变革

我国传统农业生产经营体系是一个自给自足的、封闭的体系，与市场缺乏足够的交流。农民通过购买生产生活资料，出售农产品来部分地参与市场交换，以满足自身的需要。相对来看，现代农业与市场的联系更为密切。随着社会主义市场经济体制的逐步完善，市场在资源配置中的作用日益突出。作为现代农业生产的新生力量与领军群体，新型职业农民更加强调以市场为导向，灵活运用市场运作机制，追求自身经济利益的最大化，从而实现现代农业生产经营方式的变革。在工业化和城镇化的大背景下，新型职业农民具有较强的开放性和流动性，倾向于根据市场需求发展农业商品化生产，并控制生产规模，围绕提供农业产品和服务组织开展生产经营活动，形成产前、产中到产后的产业链条。随着农业现代化进程的推进，作为新型职业农民成长内发动力的市场，在现代农业生产经营体系中发挥着越来越重要的作用。

（3）以高素质为特征，强调传统技术培训到现代培育体系的变革

现代农业发展方式从粗放式向集约式的转变，对农村生产力和生产要素的要求越来越高，相对于技术、土地和资本等生产要素，人力资本在现代农业发展方式转变过程中的作用越来越突出。在此背景之下，为了实现农业的现代化，加强新型职业农民的培育已经到了刻不容缓的地步。与传统农民相比，新型职业农民的典型特征是高素质，不仅需要有扎实的专业知识和技能，而且需要有宽广的视野、综合的管理能力、优良的职业道德等综合素质。这一要求意味着对新型职业农民的培育应该是全面且系统的农民职业教育，而不是简单的短期技能培训。新

型职业农民的培育涉及多个方面的内容，包括专业认知的引导、实操技能的训练、综合能力的培养和职业道德的教育等。全面且系统的新型职业农民教育不仅告诉农民怎么做，而且告诉农民为什么这么做，从而在观念、能力和道德等方面全面使新型职业农民的素质得到提升。

4. 培育新型职业农民的重要作用

（1）有助于推进城乡资源要素平等交换与合理配置

推进城乡一体化，首先就是要做好劳动力统筹，在让一批农村劳动力尽快真正融入城市的同时提高农业、农村吸引力，让一部分高素质劳动力留在农村务农。要想加快建设现代农业，要求全面提高劳动者素质，切实转变农业发展方式。新型农业经营主体培育的重点是农民、农户，国家政策支持的重点是新型职业农民。

（2）有利于推进农业经验技术、传承和发展优秀文化理念

培育新型职业农民有利于农业经验技术、优秀文化理念的传承，新型职业农民是新农村建设的主力军。我国是一个农业大国，农业生产具有悠久的历史，积累了宝贵的农业生产经验和优秀的农业生产智慧。作为现代化农业的继承者，新型职业农民具有较高的文化素质和科技素养，可以更快、更好地继承传统农业生产的经验和优秀文化理念，解决“谁来种地”和“怎样种地”的问题，可以使我国农业、农村焕发新的生机和活力。

（3）有利于落实政府惠农政策

传统农民由于文化水平不高在客观上阻碍了国家各项惠农政策的落实，而“新型职业农民”理解国家的农业政策是对其素质的基本要求，这大大降低了国家惠农政策的实施成本，有利于各项惠农政策的落实，也有利于国家对农业的扶持和调控，使国家的惠农政策和政府服务更具针对性和实效性，从而实现宏观调控农业的目的。同时，新型职业农民便于接受现代保险的理念和法律意识，懂得利用法律来保护自己的正当权益，增强了抗御风险的能力。

（4）有利于农业的科技水平和机械水平的提高

传统农业生产以家庭为单位，科技含量低，机械化利用率不高，属于粗放型、分散型农业，不利于现代农业的规模化、产业化、集约化生产。新型职业农民具有满足现代农业生产、经营、管理所需的科技文化素质、生产技能和职业道德，有利用科技和机械来提高农业生产附加值的意识和现实需要，会主动、积极地利用先进的农业科学技术和机械，从而达到农业规模化、集约化、产业化生产的目的。

5. 新型职业农民的素质要求

（1）思想道德素质

思想素养包括人的人生观、价值观、世界观、社会观等。道德素养是人们的道德认识和道德行为水平的综合反映，包含个人的道德修养和道德情操，体现着一个人的道德水平和道德风貌。

①思想素质要求

第一，正确的人生价值观。树立正确的人生价值观是衡量新型职业农民人生态度和人生价值的重要方面。要从客观实际出发，采取科学求实的态度来想问题和办事情，认清人与自然、人与社会的关系，克服挥霍浪费、摆阔气、讲排场的不良风气，把个人致富与集体致富、勤劳致富与勤俭持家有机结合，抵制和反对拜金主义、享乐主义、极端个人主义，具有热爱农业、献身农业的良好品质，树立幸福、乐观的人生观，对人生抱有积极乐观的态度。

在新时期，新型职业农民的价值观应该是理性的，是用来评价自己合意的目标的准则，是对周遭社会存在的反映。新型职业农民要正确地对待金钱、权力、地位，正确地处理理想与现实的关系；避免盲从，要理性消费，量入为出，适度消费，以群体和社会的利益为中心，努力为农村的建设做出贡献，以实现自己的人生价值。社会主义新型职业农民应成为思想观念新、创新精神强、科技知识精、致富信息灵的新农村建设领跑者。

第二，较强的集体主义精神。集体主义是社会主义精神文明建设主旋律的重要组成部分。它凝聚着广大农民群众投身建设社会主义新农村的全部力量，是培育社会主义新型职业农民的基本要求。新型职业农民要理解社会主义制度的优越性，坚持共同富裕的发展方向，教育、引导周边广大农民群众发扬团结互助的集体主义精神，并能正确认识和处理国家、集体、个人三者之间的利益关系；要认清国情，坚定社会主义信念，只有爱祖国、爱集体、爱新农村，才能在建设新农村精神的感召力下感受社会主义制度的优越性。

第三，较好的民主法制观。一个国家公民法律水平的高低，反映了国家法治化、民主化的程度。法律素质是指人们所具有的法律知识、法律意识以及自觉应用法律处理问题、解决问题的基本能力。它由法律知识、法律心理、法律观念、法律理论、法律信仰等要素整构建而成。具有较强的民主法制观念，是新型职业农民的重要特征之一。在农村，建设民主法制事关农村经济发展和社会稳定，是社会主义新农村建设必不可少的重要工作。民主和法制能充分保障农民当家作主的权利，是农民合理表达自己意愿的有效方式。新型职业农民应是具有较好民主法制观念的农民，要积极参与农村基层民主法制建设，学法、知法、懂法、守法、普法，学会用法律武器保护自己的权益。

在民主方面，农民要依据国家的政策和法令以主人翁身份直接参与决策，参与管理农村社会生活领域的各项事务，从而树立起较强的民主意识和法制观念，养成良好的民主习惯；共同制定村规民约，具有较强的政治参与意识、自我表达意识、自我管理意识和主人翁意识，积极主动地参与民主选举、民主决策、民主管理和民主监督，学会珍惜自己拥有的民主权利，通过合法途径表达自己的愿望和民主诉求，保障自身的民主权利。

在法制方面，农民要树立法制观念，提高依法办事的能力。广大农民要了解与自己的生产生活有关的法律法规，了解应有的权利和义务，做到正确行使权利，自觉履行义务，遵纪守法，提高维护社会稳定的自觉性。

第四，较强的市场竞争观和效率观。社会主义市场经济已经初步建立，并在逐步完善中。农村市场经济作为市场经济不可缺少的部分，正随着建设社会主义新农村的进程不断完善。改革开放四十余年来，市场与市场经济已经逐渐深入我们的经济生活，农业活动也在其中。市场经济是竞争经济，竞争就必须按优胜劣汰的规律行事。

新型职业农民要适时打破与当前市场经济不相适应的传统小农经济，提升竞争能力和应变能力；农民应该树立与市场经济和社会化大生产相联系的竞争观和效率观。新型职业农民要适应市场经济发展的需要，农业生产也必须以市场为导向，摆脱传统农业自给自足的生产状态，摆脱安于现状的小农意识和“重农轻商”的传统观念，掌握市场经济运作的规律，根据市场的需求生产适销对路的产品。新型职业农民只有这样才能捕捉各种新的信息，随时掌握市场动态，对市场规模、需求情况、发展趋势等做出科学预测，按照市场需求组织生产，积极地参与市场竞争，从而更好地促进农业和农村经济的发展。

第五，敏锐的信息观、政策观和创新观。在信息化时代，只有一个人的思想观念不断更新，这个人才能与时俱进。观念决定着发展的思路，思路决定着发展的出路，出路决定农民能否在市场经济中致富。新型职业农民应当关心国家大事，了解党中央关于农村经济建设和发展方面的各项政策，真正理解社会主义新农村建设的宏伟蓝图。这些对于搞好生产、劳动致富具有重要的指导意义。农民只有了解了国家相关的农村政策，才能根据国家和社会的需求来计划生产，把国家和社会的需要同自己的生产紧密结合起来，这样才能做到有的放矢。新型职业农民通过经常性的形势和政策的学习，联系国际形势、国家大局，能够正确地观察和分析形势，全面、准确地理解党的政策，从而在形势好的时候，看到问题，不盲目乐观；在遇到困难和挫折的时候，看到光明，不悲观，不失望。

②道德素质要求

第一，热爱农村，有主体责任意识。农业是国民经济的基础，农业劳动是一切其他劳动得以独立存在的自然基础和前提。农业生产是经济建设工作的第一位。农业是轻工原料的主要来源，农村是轻工业的主要市场。农村是重工业的重要市场之一，农业是资金积累的重要来源。在一定意义上可以说，农业就是工业。我们的农民世世代代劳动、生息、繁衍在农村，从事着农业生产。他们依靠勤劳的双手，发展生产、扩大经营、战胜灾害、克服困难，为国家提供了大量的粮食和农副产品，为工业的发展提供原料、劳动和资金积累，奉献社会，服务人民。新型职业农民应该喜欢农村生活，热爱农村，了解中国农业的现状，并能认识到，扎根农业、从事农业、干好农业，是一项光荣且崇高的事业，从而树立发展农村经济的主人翁的责任感和事业心。

第二，诚实守信，恪守职业道德。诚实守信是对公民道德的基本要求，不仅是中华民族的传统美德，也是当代农民应具有的品质。职业农民的诚信教育要被摆在突出位置，作为新一轮农民职业道德教育的总要求，使诚信文化渗透农民工作、学习、生活的方方面面，增强全体农民的信用意识。尤其是在市场经济发展的今天，诚信显得更加重要。农业已从封闭落后的半自给自足的产品经济逐渐转向开放的、活跃的商品经济，职业农民的生产已不是主要为了满足自身需要的自给自足的生产，而是为了创造更多用来交换的商品。现代市场经济是交换的契约经济，更是诚信经济。以诚信作为维系条件的市场经济应坚持货真价实、童叟无欺，不以次充好、掺杂使假、坑蒙拐骗，坚决制止、杜绝任何假冒伪劣商品。职业农民在经济往来中要讲信用、重信誉，遵循市场交易既定的规则，恪守各种经济合同的约定，不违反各种经济原则，不偷税漏税，自觉依法维护农业市场经济的正常运行秩序。诚信是现代市场经济健康运转的不朽灵魂，诚实守信、恪守职业道德是市场经济条件下新型职业农民必须具备的道德素质。

第三，文明高尚、摒弃封建迷信思想。在社会生活中，新型职业农民要展现现代意识，具体体现在思想观念、精神风貌、移风易俗、民主选举、提高修养等方面。社会主义新农村的一个重要标志就是乡风文明，因此，要加强农村精神文明建设，净化社会风气，营造文明风尚，破除封建迷信思想，让健康、文明、科学的生活方式自觉融入家庭和农村社区。通过在农村建立文化站、图书室，可以引导农民自觉抵制低级趣味、庸俗和迷信的活动，优化农村道德素质建设的外在环境。创造一个农民群众安居乐业、物质文化生活丰富多彩、邻里之间和睦相处的良好环境是建设社会主义新农村的重要目标，新型职业农民要在这一过程中发挥主导作用。新型职业农民应摒弃自给自足、墨守成规、循规蹈矩的生产生活方式，脱离对土地的严重依赖心理，树立创造新生活的愿望和勇气，重视农业科技创新，从而推进高产高质、高效的农村农业经济模式。

第四，保护环境，有强烈的环保意识。当前，环境问题已成为全球人类关注的重要问题，环境保护的问题已经成为衡量一个人道德水平高低的重要尺度。保护环境就要做到正确处理经济发展与保护环境二者之间的关系，深刻认识资源的有限性和环境污染的危害性，特别要意识到浪费资源、污染环境最终会殃及自己和子孙后代。我们当前进行的社会主义新农村建设应该以科学发展观为指导，坚持可持续发展的原则。

新农村建设的要求中重点提到“村容整洁”，涵盖了农村生态环境建设的相关内容。伴随农业经济发展，要特别注重保护农村生态环境，树立环保意识。农业生产要依靠农业科学技术而非扩大种植面积的方式来增加产量，严禁大面积的森林砍伐；严禁过度放牧而导致草地被毁，丧失保持水土的功能；合理控制使用农药化肥，保持土地质量。同时，农民要养成良好的生活习惯，不将生活垃圾直接扔到河边、村头、庄稼周围：要保护农村水质与空气质量，禁止将污染型企业引入农村，以免加剧农村环境的恶化。

社会主义新型职业农民应当具有生态意识和绿色环保意识，要认识到保护自然环境、维护生态平衡是每个社会成员包括新型职业农民应尽的社会责任和道德义务。

（2）科学文化素质

①科学素质

科学素质是公民素质的重要组成部分。农民的科学素质通常是指农民所具备的科学知识水平以及农民掌握和运用科学技术知识的能力。农民科学素质高低的主要标志是农民的专业科技知识的广度和深度、科技兴农意识的强弱、对科技知识的需求欲望大小等。

2013 年，国家为贯彻落实《中华人民共和国科学技术普及法》和《科学素质纲要》，加快实施农民科学素质行动，切实加强农民教育培训和科学普及工作，努力培养有文化、懂技术、会经营的新型农民，全面提高农村劳动者的科学素质，特制定《农民科学素质教育大纲》。

通过教育培训和科学普及，广大农民的科学素质得到了明显提高，在广大农村形成了崇尚科学、学法守法、勤劳致富的新风尚；着力提高农民掌握和运用先进实用技术发展生产、增收致富的能力，提高农民节约资源、保护环境、建设生态家园的能力，提高农村富余劳动力向农村产业和城镇转移就业的能力，提高农民经营管理和创业发展的能力，提高农民学习科学知识、提高生活质量的能力。

②文化素质

农民的文化素质一般是指农民所具备的文化知识水平，反映农民接受文化知识教育的程度和掌握文化知识的多少，也包括农民的思想观念、情感意志、文化艺术素质等人文素质。一个国家或地区的农民文化素质状况，主要是采用农民接受文化知识教育的平均年限（即文化程度指数）来衡量。农民的文化程度指数越高，说明农民接受文化知识教育的时间越长，所能达到的文化素质水平也越高。

同时，农民的文化素质还包括农民在生产生活实践中学习、磨炼、陶冶所形成的反映农民综合素质的、体现农民时代特征的精神品格和内在涵养，农民文化素质的高低对社会主义新农村建设有重大影响。

（3）创业素质

①农民创业的主要特点

社会主义市场经济在改革发展和创业创富的实践中已经呈现出多层次、多领域、多形式、多渠道创业的新格局。农民作为社会主义市场经济的主体形成了一个庞大的创业群体。具体来说，这种群众性的创业活动有三个特点：

第一，创业主体的多样性。既有家庭成员共同创业的家庭经营形式，如家庭工厂、家庭作坊、家庭农场、个体工商户等，也有集体创业和合作创业，如创办集体企业、发展合作经济、组建农民专业合作社等，还有股份制企业创业，如有限责任公司、股份有限公司等。

第二，创业水平的多层次性。农民的创业基础、创业素质、创业经验、创业历程不同决定了农民群众创业水平的多层次性。既有农民以解决生存生活为目的的以依靠家庭资源、传统劳动技能为主的创家业的基础性创业，也有以追求更大的赢利和发展机会为目的的依靠社会资本、社会资源的企业化创业，还有以追求共同富裕和社会责任为目的的依靠组织起来的集体力量、社会力量、政策支持和高科技等创业要素实现更高层次的社会化创业。每个人的能力不一样，思想境界不一样，掌握的社会资源不一样，可以自主地选择适合自己的创业形式、创业领域和创业层次。

第三，创业领域的广泛性。既有农业生产领域的创业，也有工业生产领域的创业，还有第三产业领域的创业；既有农村就地创业，也有异地创业，还有进城创业，同时还有到世界各地创业。

②创业素质的构成

创业是极具挑战性的社会活动，是对创业者的智慧、能力、气魄、胆识的全方位考验。一个人要想获得创业的成功，就必须具备基本的创业素质。创业素质就是创业行动和创业任务所需要的全部主体要素的总和，包括以下方面内容。

第一，创业意识。创业意识也可以称为创业理念，是一个创业主体敢于去从事创业活动的思想基础。提高农民的创业意识就是要使广大农民群众懂得创业是创富的源泉，只有自主创业才能把自己的聪明才智转化为现实生产力，才能为自己赢得发展的前途和幸福的人生。同时，广大农民群众也要意识到创业有风险，创业有艰辛，创业有曲折，但只要敢于创业，就有可能获得创业的成功，也就是要树立敢想敢为的创业意识，要有自信、自强、自立的创业观念，克服“等、靠、要”的思想和自卑消极畏难的情绪，要相信“有志者，事竟成”，努力通过创业为自己创造美好的前途。

第二，创业精神。创业精神是指创业者的精神意志、人格特质。成功的创业者都有胜不骄、败不馁的精神气质。很多农民群众在发展乡镇企业和创业创富的过程中表现出来的想尽千方百计、历尽千辛万苦、走遍千山万水、说尽千言万语的“四千”精神就是比较形象的创业精神。

第三，创业经验。经验是人们经由实践活动对客观事物的直接了解，是在感性认识过程中形成的，是人与客观事物直接相互作用的结果。经验有直接经验和间接经验之分。创业经验一是要靠主体在创业的实践活动中去摸索积累，二是要通过向他人借鉴和在学习创业实践活动中获得。

第四，创业技能。创业知识和创业技能是创业的基本要素之一。在市场经济条件下，创业创富的机会无处不在，但创业的机会只会青睐有准备者。掌握创业的技能和知识是实现创业最重要的准备工作。作为创业的基本素质之一的创业技能和知识，大致有三类：一是创业成功所需要的专业技术知识和能力。创业者在某一个行业领域里创业，就必须掌握从事这一行业生产经营活动所需要的相应的生产、技术、产品开发、市场营销等专业技术知识。二是创业所需要的经营管理知识和法律知识。创业者要掌握创业企业、创业实体的生产经营管理、人力资源管理以及运用政策法律等知识与能力；三是与社会各方面交往所需要的社会知识和交际能力。创业活动也是一个社会交往的过程，创业者必须学会与不同的社会群体打交道，必须具备一定的社会交际能力、公关能力和营销策划能力，努力为创业活动的成功创造良好的发展环境。

（4）礼仪素质

①礼仪素质的内涵

在社会主义新农村建设中，“乡风文明”的要求能否最终实现与提高农民的文明礼仪素质紧密相关。文明的农村、开放的农村、和谐的农村需要文明礼仪。礼仪是人们在社会交往和网络交往过程中形成的并得到共同认可的各种行为规范，是人们在共同生活和相互交往中逐渐形成的，以一定的程序、方式来表现的律己、敬人的完整行为。它体现了一个国家、一个民族、一个地区的道德风尚和人们的精神面貌。礼仪随着人类社会的产生而产生，随着经济的发展、社会的进步而不断前进。礼仪象征着文明，是与粗野相对立的，衡量着一个人的道德情操和文化涵养，也是人际交往过程中外在的表现形式和规则的总和。礼仪素质是指一个人在日常工作、生活和社会交际活动中，自觉遵守社会通行的礼仪准则的一种自控能力和文明素质。它的形成是人们根据一定的交际礼仪原则和规范自觉地进行学习和训练，最终使自己养成一种时时事事按礼仪要求待人接物的行为习惯的过程。

②文明礼仪的内容

第一，文明礼节。文明礼节是人们在交际过程中形成的约定俗成的、惯用的各种行为规范的总和。文明礼节是社会外在文明的组成部分，具有严格的礼仪性质。它反映着人们一定的道德原则内容，反映着人们对人对己的尊重，是人们心灵美的外化。现代文明礼节主要包括介绍礼节、握手礼节、打招呼礼节、鞠躬礼节、拥抱礼节、亲吻礼节、举手礼节、脱帽礼节、致意礼节、作揖礼节、使用名片礼节、使用电话礼节、约会礼节、聚会礼节、舞会礼节、宴会礼节、网络礼节等。这些文明礼节总体上体现了人对人的尊重，使人在交往过程中做到不卑不亢、彬彬有礼、和睦相处。

第二，文明仪表。仪表是指人的外表形象。文明仪表是人在日常工作、生活中体现出来的具有文明素质的人的仪容、服饰、体态等。文明仪表属于美的外在因素，反映人的精神状态。文明仪表是一个人心灵美与外在美的和谐统一，美好得体的仪表来自高尚的道德品质，它和人的精神境界融为一体。文明仪表既是对他人的尊重，也是自尊、自重、自爱的表现。

第三，文明礼貌。文明礼貌是指人们在社会交往过程中良好的言谈和行为。它主要包括口头语言的礼貌、书面语言的礼貌、网络语言的礼貌、态度和行为举止的礼貌。文明礼貌是人的道德品质修养最简单、最直接的体现，也是人类文明行为最基本的要求。在现代社会，使用礼貌用语，态度和蔼，举止适度，尊重他人，已成为人们日常的行为规范。

第四，文明礼俗。文明礼俗是由传统的民俗礼仪延续至今，并被人们广泛接受和通行的礼俗，是文明礼仪中具有鲜明的地区、民族特色的一种特殊形式。文明礼俗普及于社会和群体之中并根植于人们心里。不同国家、不同民族、不同地区在长期社会实践中形成了各具特色的风俗习惯。“十里不同风，百里不同俗”，每一个民族、每一个地区，甚至一个小小的村落都可能形成独有的风俗习惯。“入乡随俗”指的就是外来的人们要尊重当地的风俗习惯，形成当地人所接受的文明礼俗。

第五，文明仪式。文明仪式是指行礼的具体过程或程序，是礼仪的具体表现形式，也是一种比较正规、隆重的礼仪形式。人们在社会交往过程中或是在组织开展各项专题活动过程中，常常要举办各种仪式，以体现出对某人或某事的重视，或是为了纪念等。常见的文明仪式包括成人仪式、结婚仪式、安葬仪式、凭吊仪式、告别仪式、开业或开幕仪式、闭幕仪式、欢迎仪式、升旗仪式、入场仪式、签字仪式、剪彩仪式、颁奖授勋仪式、宣誓就职仪式、交接仪式、奠基仪式、捐赠仪式等。仪式往往具有程序化的特点，这些程序有时是人为地约定俗成的。

6. 新型职业农民培育工程

（1）目标和任务

第一，构建新型职业农民队伍。要以服务现代农业产业发展和促进农业从业者职业化为导向，着力培养和构建一支有文化、懂技术、会经营的新型职业农民队伍，为发展现代农业提供强有力的人才支撑。

第二，探索建立培育制度。要适应现代农业发展要求，建立适合我国国情的新型职业农民培育制度，通过教育培训提高职业农民综合素质和生产经营水平，通过规范管理引导农民走上职业化发展道路，通过政策支持提高职业农民自我发展能力。

第三，建立健全培育体系。要充分发挥各级农业广播电视学校（以下简称农广校）及农民科技教育培训中心的作用，创新运行机制，统筹利用好农业职业院校、农技推广服务机构、农业高校、科研院所等公益性教育培训资源，并积极引导农民合作社、农业企业、农业园区等社会化教育培训资源参与培育工作，构建新型职业农民培育体系。

（2）基本原则

第一，坚持政府主导。新型职业农民培育具有公共性、基础性和社会性，要坚持政府主导，加强统筹协调，制定扶持政策，加大经费投入，改善培育条件，营造良好氛围。

第二，发挥市场机制的作用。要发挥市场在资源配置中的决定性作用，尊重农民意愿，满足农民需求，调动农民参与培育积极性；要建立各类主体参与培育的有效机制，增强培育活力，规范培育行为，提高培育质量。

第三，立足产业培育。要把服务现代农业产业发展作为培育新型职业农民的出发点和落脚点，围绕农业供给侧结构性改革工作主线，以绿色发展为导向，以提质增效和农民增收为目标，着力培育壮大新型农业经营主体，加快推进农业转型升级，促进主导产业、特色产业和优势产业做大做强。

第四，突出精准培育。要着眼构建新型职业农民队伍，科学遴选培育对象，分产业、分类型、分层级、分模块实施教育培训，强化跟踪服务、政策扶持和规范管理，把新型职业农民培养成建设现代农业的主导力量。

7. 农民继续教育的管理

（1）基地管理

目前，我国开展农民培训的基地层次多、种类多，既有教育部门、农林部门、人力资源和社会保障部门举办的，又有社会力量举办的。针对农民开展的培训，既有不同层次的学历教育，又有不同等级的职业培训。因此，必须按照实事求是、服从需求、坚持标准的原则，对各类办学机构进行分类管理。

①中等教育层面基地管理

第一，中等学历教育类型。

据农业部门固定观察点抽样调查显示，我国农业劳动力年龄主要集中在40岁以上，占全部从事农业生产人数的75.9%，平均年龄接近50岁，部分地区甚至达到55岁以上。据有关资料，在全国4.9亿农村劳动力中，高中及以上文化程度的只占13%，初中文化程度的占49%，小学及小学以下文化程度的占38%。[①]鉴于我国农村劳动力的现有文化知识结构呈初中及以下学历者占多数的现状，很多地区在开展农民继续教育时，还需要从初等或中等文化知识的补偿教育起步。

一是小学后学历延伸教育（初中文化知识的补偿教育）。目前，在一些经济和教育欠发达的农村地区，在基本扫除青壮年文盲后，将农村成人教育的重点放在了小学后的学历延伸教育（初中补偿教育）。一般情况下，这项工作是通过教育部门举办的乡镇成人文化技术学校协调当地中小学和乡村来组织实施的。这种由当地义务教育段全日制学校提供师资和教材，借用全日制学校的校舍或在村民

① 王遂敏著．新时期乡村振兴与乡村治理研究 [M]. 北京：中国书籍出版社，2019.10.

学校组班开展教学的方法，既是农村成人教育的传统方式，又受群众欢迎。在长期实践中，这种小学后学历延伸教育（初中文化知识的补偿教育）的方式较少在办学资质的认定上引起争议。

二是初中后学历延伸教育（中职或成人高中的文化知识补偿教育）。从全国各地的实践来看，开展对农村人群初中后的学历延伸教育的主要途径是成人高中学历教育、中职学历补偿教育，或者是与职业技能培训相结合的“学历+技能”成人高中“双证制”教育。这种类型的办学主体一般是中等职业学校或乡镇成人文化技术学校。

第二，办学资质管理。

一是中等职业学校的资质管理。2014 年 3 月，教育部办公厅、农业部办公厅联合发布了《中等职业学校新型职业农民培养方案（试行）》，标志着我国中等职业学校向广大农民敞开了大门。农业人才的培养以往依赖于中等或高等涉农院校，并通过政策引导这部分学员在毕业后进入农村工作。现在，国家鼓励广大中等职业学校从“离农”转型为“向农”，让已务农的农民“回炉”职业学校，培养职业农民，无疑为中等职业学校赋予了历史重任。通常来看，各地中等职业学校面向成人，尤其是面向农民开展的中等职业教育，都是采取结合职业技能的培训进行的。这对于全日制中等职业学校来说，办学资质应该不成问题。需要强调的是，中等职业学校开展农民继续教育或新型职业农民培育，并开展相应的学历教育，也须经过严格的资质审核。《教育部办公厅关于进一步完善招生工作机制，规范中等职业学校招生秩序的通知》严肃指出：要按照教育部发布的《中等职业学校管理规程》《中等职业学校设置标准》等相关规范，严格审核学校办学资质，科学核定办学规模和年度招生人数，合理确定专业设置及分专业招生计划，严格实行中职招生准入制度，建立中职学校人才培养质量年度报告制度、督导检查制度和学校退出机制，确保中等职业教育的基本办学条件和教育教学质量。对不具备招生条件、办学资质存在严重问题的学校应依法取消其招生、办学资格。由此说明，开展新型职业农民中等职业教育或农民继续教育的中等职业学校，在专业设置、师资配置、教学条件配套等方面，都应达到相应的资质条件，并得到主管部门的许可。

二是乡镇成人文化技术学校的资质管理。乡镇成人文化技术学校是于 20 世纪 80 年代在我国农村经济体制改革和农村教育体制改革中应运而生的农民学校。乡镇成人文化技术学校一般由乡镇政府创办和管理，专职管理人员和教师一般由教育行政部门派遣，成人教育业务也在上级教育行政部门的指导下开展。这类学校通常称为教育系统的乡镇成人文化技术学校。目前，全国各地的乡镇成人文化技术学校办学条件参差不齐，学校规格、建制标准和办学层次也不尽相同。在不同办学条件下，以不同建制标准创办的乡镇成人文化技术学校，其办学资质也是不同的。如上海、江苏、浙江等经济发达省份，乡镇农村成人文化技术学校有的是按高级中学建制标准设立的，这些学校举办成人高中学历教育的资质毋庸置疑。但是，很多地区的乡镇成人文化技术学校，即使是由教育部门创办的，由于受办学条件限制，多数不具备高中阶段学历教育办学资质。这些学校大多基础设施和办学条件比较简陋，没有专门的师资，办学经费投入少，学校运转比较困难。有的学校仅有一两名管理人员，没有固定的校舍，甚至在乡镇政府院内办公。

第三，加强乡镇成人文化技术学校基础能力建设。

乡镇成人文化技术学校是农村成人教育基础，可以说是农民继续教育的生力军。农民继续教育不是短期的阶段性任务，而是发展现代农业、建设新农村的长期任务。

一是建设标准化的乡镇成人文化技术学校。全面推进乡镇成人文化技术学校的标准化建设是推动农民继续教育的治本之举。成人继续教育推进工程的内容涉及乡镇成人文化技术学校标准化建设、新型农民素质培训示范基地建设、成人“双证制”教育培训、农村预备劳动力职业技能培训、成人继续教育网络课程和精品教材开发等方面。

二是建设高标准的乡镇成人文化技术学校。开展标准化的乡镇成人文化技术学校建设是面向全体成人文化技术学校的一项基本要求，建设高标准的乡镇成人文化技术学校则是打造龙头性、高端化农村成校的示范性工程。一般而言，建设高标准、示范性的乡镇成人文化技术学校，应在提升内涵、扩大辐射上起示范引领作用。其示范性体现在新型职业农民培养和终身学习的理念上，体现在学校办学体制机制的突破和创新上，也体现在所开展的教育服务的质量效益上。应通过建设高标准的乡镇成人文化技术学校，从而在农村形成一批办学水平高、设施先进、成效显著、特色鲜明、具有典型示范作用的现代化、骨干型乡镇成人学校，使其成为促进当地现代农业发展、提高农民综合素质和生活品质的教育培训中心、资源建设中心和农民学习中心。

三是建设农村成人教育集团化学校。可以以中等职业学校为依托，建设乡镇成人学校集群。以中等职业学校为依托，联合乡镇成人文化技术学校，形成办学网络，是近阶段开展农民继续教育的有效措施之一。这种模式的前提条件是中等职业学校要有统一的专业教学标准，有专门的师资条件，有统一的课程实施方案，并有统一的考试考核等认证条件。乡镇成人文化技术学校作为中等职业学校的教学点，负责学员的招生工作和教学班的日常管理。不具备成人高中学历教育认证条件的乡镇成人文化技术学校独立开展新型职业农民中等职业教育或农民继续教育，其资质和质量都会受到社会的质疑。

四是推动农村成人学校的格式化办学。不具备高中学历教育资质的农村成人学校可在上级教育行政部门的整体规划下开展学历教育的格式化办学。即由省或地（市）教育行政部门统一确定学习项目的课程和标准，统一提供教材，统一组织考试，统一进行学习认证。其中，各地乡镇成人文化技术学校只是在统一的规划下组织生源、组织教学活动，完成相应的教学任务。

②高等教育层面的基本建设

培育新型职业农民与农业高校的发展是相辅相成、相互促进的。

涉农高等院校与农业、农村和农民有着天然的联系，是农业教育的龙头，应该也必须成为农民继续教育的龙头。

第一，构建涉农高校农民继续教育体系。

新型农民培训，不仅要着眼于对现有农业生产者的生产经营能力培训，更要着眼于对农民继承者的培育。高等农业院校应该根据自己的人才优势、学科优势和科研优势，从新型农民的本质和内涵出发，分层次、多方位构建农民继续教育体系。

一是整合学科专业，构建农民继续教育体系，着眼于对“未来农民”的培养。一方面是修改现有的农科类大学生培养目标和培养方案，加强创业教育，将农科类大学生培养成“将来时的新型高级农民”，让他们成为了解国内外农业最新动态，受过高级专门训练，掌握和能够运用农业高新科技，将来可以成为农业产业大军的领军人物，从而在提高农业产品数量和质量以及提升农产品科技含量中发挥重大作用。另一方面是努力探索农村劳动力学历教育培养的新模式，以农村从事农业生产的青年农民和欲回乡从事农业的年轻劳动力、农业大专院校和中等职业学校毕业学生为主要对象，通过成人高考在职或者脱产培养农科类大学生，采取文化与专业技术、理论与生产实践相结合的教学办法和要求，加快培养适应新农村需要且适合农村、留得住、用得上、能发展、会带动的农村实用人才，并不断提升农村青年农民的学历层次和受教育程度。

二是整合资源，构建农民继续教育的职业培训体系。这一体系的构建主要是依托高等农业院校设置专门机构来支持和开展农民职业教育和技术培训。其培训对象是在农村从事农业生产经营活动的一线生产人员和技术人员，特别是种养大户、农民专业合作社带头人或理事会成员以及农村经纪人、龙头企业管理者等。其目标是培养“现在时的高级职业农民”。通过开展各类职业技能培训和经营管理知识培训，提升接受培训者的专业生产技术能力以及综合素质和发展能力，培育一大批能够适应现代农业发展需求的高级农民。与现有高等农业院校开展的农民培训不同的是，它不再只是继续教育范畴中的一小部分，而是有专门的组织管理机构和教学服务体系，并且拥有相关的职业技能认证资格，能够整合高等农业院校人才优势和资源优势，为新型农民的培训提供更加专业也更加完整的新途径。

第二，创新培训方式。

一是高校集中授课与基层培训相结合，方便农民。在校授课好处很多，如教学条件更好，教师授课更方便，学员脱离原有的生产生活环境，能专心地投入培训，还可以更好地利用和挖掘高校的教育资源等。但是，这对很多学员的生产和生活也造成了不便。到县或乡镇设立课堂，能更好地方便农民，使更多的农户接受培训。

二是课堂讲授与现场指导相结合，融理论与实践为一体，解决农民在生产经营中的实际问题。高校的课堂讲授往往偏重于知识的普及和观念的转变，但缺乏针对性。培训人员到农业生产第一现场进行指导和培训，更能发现农民在生产经营中存在的问题，给出农民直接的、有针对性的指导建议，培训的效果将会更好。

三是面对面交流与远程交流相结合，随时随地为农民生产经营中遇到的问题答疑解惑。要充分利用高校的远程教育和培训平台，建立农民培训的远程跟踪机制，对农民在生产经营中遇到的各种问题进行追踪，确保培训的连续性和持续性。

四是将高校的教学科研和社会实践活动与农民培训工作相结合，形成高校和农业生产第一线的良好互动。可通过加强对大学生村官培训，使他们更好地利用自身知识和资源为农业生产近距离服务；可通过大学生下乡、走基层活动展开农民培训，使农科类大学生学以致用；可通过高校科研示范基地和生产教学实习基地建设对农民开展现场培训等。

第三，加强教材建设。

一是专业标准建设。专业教学标准是开展专业教学的基本条件，是明确培养目标和规格、组织实施教学、规范教学管理、加强专业建设、开发教材和学习资源的基本依据，是评估教育教学质量的主要标尺，也是社会选人用人的重要参考。涉农高校应牵头组织相关学校与当地农业技术专家相结合，遵循实用性、标准化原则，编制出符合新型职业农民培育特点的专业教学标准，并组织对专业教学标准的学习、研究和实施工作；同时，应积极总结教学改革的经验，及时组织开展师资培训和教研活动，促进教师转变教育教学观念，提高教师运用专业教学标准的能力。

二是培训教材建设。涉农高校应积极鼓励和组织专业教师与当地农业技术专家相结合，遵循实用性、通俗性原则，编制出符合农民学习特点的创业培训教材、岗位技能培训教材和农业生产实用技术培训教材。这类培训教材应强调理论联系实际，突出实践环节，语言通俗易懂，注重培训对象实际操作能力的形成和提高；同时，考虑到现阶段农民的文化程度参差不齐，且普遍偏低，应该既有文字教材，也有音像教材，文字教材最好能图文并茂，以使不同文化程度的培训对象学习到相关知识。

（2）教学管理

①教学计划编制

教学计划（即人才培养方案）是服务于人才培养模式、实现人才培养目标、保证人才培养质量的纲领性文件，是人才培养模式的载体，也是统领整个教学活动的进程表，一经确立，所有教学活动都必须服从教学计划安排。实施新型职业农民培育工程，必须编制相应的教学计划。这是构建和实施农民继续教育模式的基础性环节。根据《中等职业学校新型职业农民培养方案试行》所确定的课程类型和课程要求，制定新型职业农民中等职业教育或继续教育的教学计划，都必须充分考虑农业教育的特点和“学历＋技能”人才培养模式的特点。

第一，工学结合原则。

一是要积极服务于农业生产劳动和社会实践相结合的学习模式，把工学结合作为教学计划设计的重要切入点，带动专业教学标准建设，引导课程设置、教学内容和教学方法改革。

二是重点考虑教学过程的实践性、开放性和职业性，与农业、农业企业和新农村的社会需求相匹配，重视职业素质的培养。

三是根据农业生产的季节、流程设计教学计划，安排好相应的实验、实训、实习等关键环节。

第二，互动性原则。

农业行业的职业特点不同于其他行业，主要包括：

一是农业生产周期长，受气候环境、地理位置、土壤状况和病虫害等影响比较大，很多因素是不可控的，影响农业生产的因素往往是综合起作用的，是比较复杂的。

二是农业职业分化程度比较低，工种划分比较模糊。

三是农业产业附加值低，农业企业规模不平衡，经营不稳定。

因此，在农民继续教育过程中，要充分考虑教学活动的安排与农业农时的互动结合，即应根据学员生产经营实际和农时季节特点组织教学，上课作息时间要符合农民的生产生活规律，理论教学与实践教学交替进行，农忙时多实践指导生产，农闲时多安排理论教学。

第三,一致性原则。

一是制订教学计划要重视学员的理论教学、校内学习与实践教学、实际工作的一致性，校内成绩考核与实践环节考核相结合，探索理论教学与实践教学的一体化。

二是积极开发和制定相关标准，服务于订单培养，服务于工学交替、任务驱动、项目导向、顶岗实习等有利于增强学员能力的教学模式，努力提高教学质量。

三是以职业农民的身份，加强对学员的生产实习和社会实践管理，保证理论教学学时数与实践教学学时数的比例达到 1∶1 至 1∶2。

②教学大纲编制

课程教学大纲是教学的基本文件之一，具有重要的指导作用。教育部办公厅、农业部办公厅印发的《中等职业学校新型职业农民培养方案试行》指出：教学大纲是指导相关新型职业农民课程教学工作的纲领性文件，包括课程名称、课程说明、学习要求、教学方法、教学目的、教学内容与要求、教学提示、时间分配和教学考核及评分办法等。制定课程教学大纲时，要遵循以下原则：

第一,一致性原则。

课程教学大纲要准确体现教学计划中对人才培养的规格要求，符合农民继续教育的教学目标、培养规格对教学内容的基本要求。同时，各门课程的教学大纲都要服从课程结构和教学计划的整体要求，相同课程在不同专业的教学计划中应根据各自课程结构的要求有所区别。

第二，成人性原则。

课程教学大纲要突出成人教育特点，构建以学习为中心的教学大纲。组织编写教学大纲时，应紧扣成人教育人才培养模式，在制定编写教学大纲的指导意见中提出切合成人教育教学实际的规范要求；特别是要以人为本、更新观念，在具体内容、形式上融入对成人学员的教学要求、学习内容，如遵循农业生产规律，与农时季节紧密结合，遵守理论学习与实践教学、自主学习相结合的基本原则。

成人教育形式多样，因学时不同，授课内容的广度、深度不同，其教学方式也有所不同，如强调对自主学习的指导，提供更多的综合信息，增加学习资料、学习方式、日常作业、成绩评定等项目。

第三，评价性原则。

每门课程都要有相应的知识、能力和职业素质测试标准和考核方法。这样既能帮助教师按照教学大纲实施教学，努力提高教学质量，又能为新型职业农民的评价和认证提供客观依据。

第四，前瞻性原则。

课程教学大纲应较好地反映本课程在现代农业发展中的先进成果及其发展趋势，充分体现现代性、职业性，并为学员终身发展打好基础、留出空间。

第五，动态性原则。

随着科学技术、社会经济和现代农业的不断发展，农民继续教育的人才培养方案要进行适当调整。随着人才培养目标的变化，课程教学大纲也要适时调整、更新，以充分体现其在教学中的规范和指导作用。因此，必须利用教学大纲编制系统，对课程教学大纲实施动态管理，及时修订，以确保教学大纲的适应性。

第六，必需、够用原则。

课程教学大纲既要明确本课程在教学计划中的地位、作用和任务，又要符合职业能力分析和行动导向的要求。课程内容的选取、深度与广度的把握，都要以“必需、够用”为度。技术课要加强针对性、实践性，强调技术应用能力的形成和职业素质的养成。特别是对于实践教学课程，教学大纲要明确具体的基本结构和内容。一方面，指出实践课程的性质、目的和任务，指出本课程实践环节的具体实际训练内容，更应掌握哪些基本操作和技能。另一方面，实践课程教学的基本要求应按应知、应会、掌握三个层次写明实践课程的主要内容和要求。

第二节　乡村治理的发展与创新

一、结合乡村旅游的大背景进行治理

改革开放以来，我国经济水平稳步上升，旅游业成了人们在繁忙的工作之余休闲放松的方式之一，尤其是乡村旅游更受人青睐，农家乐、民宿、乡村家常菜等新兴旅游方式很吸引人。乡村旅游的快速发展形成一个新型的经济体系。乡村

旅游系统主体如何多元发展、健康发展、全面发展等问题，有待多方面协调解决。为了更好地做好乡村治理工作，相关人员要将旅游治理作为重中之重。

（一）乡村旅游的发展概况

1. 乡村旅游发展现状

随着城市生活节奏的加快和人们生活压力的不断加大，人们较为喜欢清闲安逸、慢节奏的生活和绿色清新的生活环境，所以乡村旅游正处于蓬勃发展的状态。乡村旅游具有天然的环境优势，可以带动农村经济的快速发展，是农民在种田之外又一种新的解决生活经济压力的方式。同时，乡村旅游是大学生投入乡村发展、发挥自身能力和技术的途径，可以使大学生在大学学到的东西得到更高效率的利用，发挥出自己的价值，对社会和谐和经济增长能够起到促进作用。所以，当前乡村旅游发展具有极其良好的发展环境和现实意义。

2. 乡村旅游未来发展趋势

目前，城市居民经济水平不断提高，乡村旅游市场更是逐渐火爆。乡村旅游分为两类，一类是传统的乡村旅游，另一类是现代的乡村旅游。传统的乡村旅游主要利用乡村的传统文化、习俗等，使得游客受到传统文化的熏陶，沉浸在乡村淳朴的民风中，体验乡村文化。尤其是最近一段时间，农家乐更是成为乡村旅游的最佳形式。不同地方的风俗习惯不同，使得不同地方的农家乐具有不同风格，游客也更乐意去农村旅游。以焦作的云台山为例，云台山自然风景的鬼斧神工使当地的旅游业生机勃勃，周围的乡村也在红红火火地发展。当地村民制作出了富有农家风味的菜品，建立了关于云台山的公众号，拍摄了视频吸引大量游客来游玩，长此以往，就会形成一个良性循环，促进当地的旅游业发展，形成当地持续发展的一个产业链。如今，当地的松花蛋，由于当地村民的大力宣传和其本身的良好品质，乘着旅游业的这辆快车，开始走出乡村，在中国各地大放异彩，成了人们孝敬长辈的选择。随着云台山旅游业的发展，周围的乡村也兴办起了农家乐，闲置的劳动力被充分地发掘出来，连老年人也有事可做，外出务工的年轻人回来了，当地的儿童也因此受益，农村旅游业的发展带动了许多产业的发展。而且，当地的农家菜口味独特，受到了大量来自城市游客的好评，回头客也越来越多，这也使村民从乡村旅游业中获益。

乡村旅游主要是以乡村美好的环境和低廉的地价为基础发展起来的，使得游客可以花更少的钱，在更好的环境里得到更好的游乐体验。乡村旅游发展态势一片向好。

（二）乡村旅游所反映出的问题

当前，乡村旅游所反映出的问题主要表现在两个方面。

第一，乡村卫生问题。由于受到乡村环境卫生和传统观念的影响，乡村对卫生状况还不太重视，卫生问题迫在眉睫。如果不能解决卫生问题，乡村的旅游发展就会面临阻碍，游客就不会选择去乡村旅游，之前所做的工作、所建设的建筑物将会闲置，这让之后的乡村旅游业的发展更加困难。

第二，村民金融意识淡薄，村民不惜赔本争夺客户，长此以往，这种恶性竞争将使得村民赚不到利润甚至亏损，大大阻碍了乡村旅游业的良性发展。村民需要时刻谨记良性发展和良性竞争的要求，不要盲目地追求发展，不要伤害自家和别家的利益，尽可能地做到有底线、有原则地进行商业竞争，否则会使得周边产业受到不利影响。

（三）旅游开发背景下的乡村治理思考

旅游开发背景下的乡村社区治理使村民面临外来资本流入和个人资源有限的博弈难题。从效能来看，乡村旅游增进村民生计可持续的长效机制有待思忖，挖掘乡村社会内部受其他行动主体影响的情境与主人翁意识变化，实则是多元主体与乡村社区治理的深层次意义和诉求。有学者认为，影响乡村旅游社区治理有效性的关键在于“权衡”，而乡村治理绩效更要考虑“有效性”“稳定性”“公正性”等公共利益的实现程度。从这点来看，乡村向旅游社区的转型为深入窥探旅游治理场域中利益相关者不同的关系状态和互动特征提供了现实条件。

然而，不论利益主体间以何种状态进行关系交互，外来的利益主体如政府帮扶单位、企业帮扶单位、投资企业等不同利益主体在参与乡村旅游社区治理时都应落到具体的组织层面，通过正式与非正式的制度将主体携带的资本与资源以再组织化的路径加以嵌合。再组织化能够将分散的主体资本和治理资源有效地集合和再利用，强调的是一种将乡村旅游社区的不同主体纳入公共利益范畴的理念，这与“社区内部是否在旅游发展过程中受其他行动主体影响而产生主体性意识的变化”这一问题密切关联，最终期望实现的是外生力量撤出后，乡村社区整体自我组织、自我发展、自我营造的意识和能力的提升。从乡村治理现代化的目标来看，乡村旅游作为一种典型的开发式治理手段，与“推动落后乡村走上现代产业化道路”具有高度的目标一致性和机制契合性。因此，将分散的开发事件转化成社区层面的公共事务，或许有益于改善目前存在的公地悲剧、分利秩序不均、社会原子化等问题，为乡村转型背景下审视乡村旅游发展和治理问题提供一个跨学科的理念和方法论。

（四）乡村旅游系统多元主体协同治理机制

1. 政府应颁布与乡村旅游相关的法规，规范行业情况

地方政府应该根据当地的实际情况颁布与乡村旅游相关的法律法规。具体来说，就是要对乡村旅游行业资格证的申请和运营进行审核管理，对相关基础设施进行严格规定，帮助乡村旅游行业在正规、干净的市场环境中发展。另外，政府要号召乡村旅游经营者自觉行动起来，利用他们的专业优势，合作共赢，商量经营政策，互相交流经验。政府要引导乡村旅游经营者创建自己的品牌，协调帮助乡村旅游发展，在促进经济发展的同时，为乡村全面振兴贡献自己应有的力量。

2. 着力提高乡村旅游经营者的服务水平

乡村旅游业着重发展的农家乐、民宿、乡村农家菜等极具乡村特色的旅游项目，是大多数乡村旅游经营者的主要副业。大多数乡村旅游经营者没有餐饮行业专业经验或技能。为提高乡村旅游业的服务水平，政府或旅游行业主管部门可以为乡村旅游经营者开办专业对口的培训班，邀请具有相关专业知识的人对其进行全面专业的培训。经营者经过培训后将专业知识与管理经验融入乡村旅游业的经营过程，提升服务品质，可以借此吸引更多游客，使游客在乡村旅游中享受更加优质与专业的服务，提升乡村旅游业的口碑，从而帮助乡村旅游业进一步发展。

3. 政府对乡村旅游发展的组织与引导

乡村旅游业的客源并不十分稳定，多由季节或节假日决定，不说看天吃饭，也算得上是看日子吃饭，这也是困扰乡村旅游业发展的一个重要问题。针对此问题，社会组织或者政府组织更要极行动起来，针对乡村旅游业现状，自发组建一些乡村旅游宣传部门，共同商榷解决方案，相互交流学习经验，共同进步，合作共赢。因此，政府需要对乡村旅游经营者进行积极正确的引导，使其在营销策略和服务上更上一层楼。

4. 行业协会帮助乡村旅游产业化

乡村旅游不能做无差别的规划和建设，不能用统一、死板的方式经营。各个地区的乡村旅游协会要根据不同地区的地理条件、人文环境等不同因素，对乡村旅游业进行符合其发展规律的合理管制；要通过划分不同区域，形成相应的品牌，实现乡村旅游产业化发展；要加强提高乡村旅游经营者的专业素养，培训其相关的专业知识与理论，形成产业化服务；要利用新媒体传播媒介，对乡村旅游进行广泛宣传，

树立乡村旅游良好的产业形象，从而促进乡村旅游业走向产业化的发展道路。

5. 文化传播突出乡村旅游鲜明特点

当地乡村旅游部门可以积极挖掘当地人文环境和自然条件，全面、多元开发优势资源，在保持当地自然环境不被破坏、人文环境保持良好的前提下，为游客提供良好的原生态居住环境和文化环境。相关主体可根据当地的特殊条件与当地经销商合作开发出极具当地特色的产品，使追求乡村旅游生活的游客能有精神寄托。相关部门也可以根据游客的消费水平和不同的爱好等，创建个性鲜明的特色乡村旅游项目，帮助游客拥有独一无二、难忘的乡村旅游体验，用质量和服务特色建立口碑。

在乡村旅游业发展进步的过程中，相关部门应加强管控力度，出台契合乡村当前现状的科学法规，政府带头宣传呼吁，社会各界联合起来，秉着重视乡村旅游业的初衷，制定并执行合适的发展战略和政策，统一促进乡村旅游业的全面多元发展。而这些乡村旅游系统多元利益主体的积极、健康发展，则需要各个领域提出科学深远、合理直观的协同治理机制，从而为乡村旅游系统的健康持续发展注入新鲜血液，最终促进我国农村新兴旅游经济的腾飞，从而促使乡村治理得到更好的发展。

二、认识农业农村部的重要指示

乡村治理是乡村振兴的重要内容。党的十九大和十九届二中全会、十九届三中全会、十九届四中全会、十九届五中全会都对此作出了重要部署。中央农办、农业农村部认真贯彻落实中央决策部署，履行中央赋予的统筹推动乡村治理的职能，做好乡村治理牵头抓总、顶层设计、统筹部署、试点示范等工作。

2021 年 10 月 29 日，农业农村部召开新闻发布会，会上介绍了乡村治理创新典型做法，并推介了第二批全国乡村治理示范乡镇 100 个、村庄 994 个，发布了第三批全国乡村治理典型案例 38 个。

（一）开展典型案例、示范村镇评选

1. 评选依据“两个目的”，把握“三个坚持”

开展乡村治理示范村镇创建、遴选推介乡村治理典型案例，是农业农村部开展乡村治理的具体抓手。2019 年，中央农办、农业农村部会同中宣部、民政部、司法部共同开展了全国乡村治理示范村镇“百乡千村”创建，99 个乡镇、998 个村创建成第一批示范村镇，让各地有了可学习、可借鉴的身边榜样，在镇村一级

发挥了很好的示范引领作用。为了进一步发挥示范村镇的带动作用，2021 年中央农办、农业农村部会同中宣部、民政部、司法部、国家乡村振兴局等 6 个部门创建了第二批全国乡村治理示范村镇，包括北京市门头沟区清水镇等 100 个乡镇、北京市朝阳区黑庄户乡小鲁店村等 994 个村。中央农办、农业农村部从 2019 年起，每年推介一批全国乡村治理典型案例，2021 年还会同国家乡村振兴局，3 年推介三批共 92 个案例。这些案例切合实际、各有特色，务实管用、操作性强，涉及地市、县区、乡镇、村等不同层次，覆盖东、中、西部不同区域，具有很好的代表性，也充分展现了近年来全国乡村治理工作的实践成果、创新经验，为各地树立了学习借鉴的样板。

在选择案例时，重点考虑的是做法和经验的实用性、创新性和可操作性，考虑案例是否可复制、可推广。2021 年评选的 38 个第三批全国乡村治理典型案例可以归纳为 4 种典型的乡村治理做法。

第一，以重庆市渝北区、湖南省涟源市等为代表的 10 个案例，通过运用清单制创新乡村治理方式，减轻村级组织负担，规范小微权力。

第二，以吉林省长春市双阳区、浙江省武义县等为代表的 10 个案例，通过强化农村基层党组织建设，发挥党员先锋模范作用，完善现代乡村治理体制。

第三，以广东省蕉岭县、甘肃省高台县等为代表的 10 个案例，通过探索自治、法治、德治融合路径，健全乡村治理体系。

第四，以北京市怀柔区、辽宁省新宾县等为代表的 8 个案例，通过保障民生服务，强化治理支撑，提升治理能力。

2019 年，农业农村部开展第一批全国乡村治理示范村镇创建以来，示范村镇在各地成为榜样，为推动全国乡村治理工作发挥了引领带动作用。在创建过程中，必须牢牢把握三个坚持。

第一，坚持部门联合创建。第一批乡村治理示范村镇是中央农办、农业农村部、中宣部、民政部、司法部 5 个部门联合创建的，第二批创建又增加了国家乡村振兴局，由 6 个部门共同创建。这项工作开展以来，各部门高度重视，充分发动各地乡镇和村参与创建。

第二，坚持严格创建标准。结合乡村治理工作任务和治理成效，农业农村部确定了综合性创建标准，严格按照标准开展创建。其中，示范乡镇明确了四条标准：一是乡村治理工作机制健全，二是基层管理服务便捷高效，三是乡村公共事务监督有效，四是乡村社会治理成效明显。示范村明确了六条标准：一是村党组织领导有力，二是村民自治依法规范，三是法治理念深入人心，四是文化道德形成新风，五是乡村发展充满活力，六是农村社会安定有序。

第三，坚持程序规范。各地对照创建标准要求，坚持优中选优，层层推介遴选治理水平高、治理效果好的乡镇和村上报。为了保证公平，省级上报之前进行公示，农业农村部对各地推介的示范村镇进行反复审核评审，保证示范村镇的公信力。

2. 移风易俗事项取得新进展

当前，一些农村地区存在的高价彩礼、婚丧大操大办、厚葬薄养等陈规陋习，成为广大农民群众的沉重负担，人人厌恶，但人人又难以摆脱，广大农民群众反映强烈。

“移风易俗”必须坚持久久为功、常抓不懈，切忌“一阵风”、雨过地皮湿的做法。在治理过程中，需要注意以下几点：

第一，要选择合适的治理区域。高价彩礼、大操大办的行为互相影响，如果整治范围太小，就难以形成气候；如果范围太大，各地情况差异明显，就难以制定统一标准，而且从上到下政策效应可能减弱。县（市、区）是农民群众亲情交往的主要区域，以县（市、区）为单位开展为宜。

第二，在专项整治各项基础性工作完成后，要全行政区域统一启动，形成浓厚的氛围，务求一举突破，在较短时间取得效果。

第三，高价彩礼、大操大办等属于道德层面、社会风气的问题，需要党委政府主导，村民自治主推。党委政府统一组织领导和部署，主要依靠村民自治组织的力量，通过制定具有约束性的措施来推进。

第四，出台的优惠措施重在引导，要务实，能兑现。出台的制约性措施要于法有据、合理合规。

第五，是要坚持党员干部带头。农村社会“村看村、户看户、农民看干部”，管好了党员干部，群众工作就好做了。

乡村治理工作取得了较好的阶段性成效。一些地区通过抓组织领导、村民自治、宣传教育、公益服务、政策引导和常态巡查，探索出一条行之有效的治理路径。经过治理，村民红白事操办的支出大幅下降，社会风气得到了明显好转，不良风气蔓延势头得到了有效遏制。

通过试点，各地都探索出一系列治理婚丧嫁娶大操大办问题的行之有效的方法，主要包括：

第一，必须在地方党委政府的领导下进行专项治理。离开了党委政府的领导和专项治理的方式，这些问题在农村的微观层面是解决不了的。

第二，依靠村民自治的方式和力量进行治理。风气问题政府不能搞强制，只能倡导、推动，最后要通过村民自治的方式，通过民主协商，形成红白事规则和标准，村民共同遵守。所以，问题的解决需要地方党委政府的领导，需要村民自治方式和力量的解决。

第三，农村党员干部要起到带头作用，“村看村、户看户、农民看干部”，对于农村的很多事情，党员干部只要起到了带头作用群众工作就好做了。党员干部如果不遵守规定，带头违反村规民约，则可以用党纪、政纪约束和处理。

第四，提供公共服务，如婚事新办、丧事简办，操办集体婚礼，评选文明家庭等，进行正向引导，形成良好的社会风气。

第五，地方政府出台激励性、约束性措施。比如，按照村规民约规定办事，可以享受地方政府优待政策等，当然这些措施必须合法合规，不能侵害农民的合法权益。

整治不良风气是长期过程，既要针对目前的突出问题采取有效措施，又要针对这些不良风气产生的历史原因、社会因素采取有针对性的措施，进一步进行整治。

（二）“三张图”解读乡村治理的开展

农业农村部、国家乡村振兴局在总结地方实践经验的基础上，深入分析了乡村治理中运用积分制、清单制，以及整治高价彩礼、红白喜事大操大办等方面典型做法的内在规律、关键环节，归纳提炼成“三张图”。

第一张是“在乡村治理中运用‘积分制’一张图”，如图 5-2-1 所示；第二张是“在乡村治理中运用‘清单制’一张图”，如图 5-2-2 所示；第三张是“农村高价彩礼、大操大办等不良风气整治一张图”，如图 5-2-3 所示。

在乡村治理中运用“积分制”一张图

基本逻辑

以积分评价管理为主要形式，将乡村治理的相关事项量化为积分指标，通过民主程序制定积分评价办法，运用该办法对相关主体行为进行评价并形成积分，并根据积分给予相应的精神鼓励、物质奖励或者行为约束。

运用领域

主要在村规民约落实、人居环境整治、文明创建、社会综治等领域运用。

运用流程　以推进村规民约落实为例

1　制定积分办法。将村规民约的各项要求细化为积分事项，鼓励的事项为加分项，禁止的事项为减分项，制定积分评价办法，在广泛征求村民意见、公开公示，并经村民代表大会审议通过后实施。

2　明确积分流程。以农户申报或专人采集信息方式，将村民遵守村规民约情况登记为积分，经过小组评定、公开公示后，形成每户积分台账。

3　开展积分应用。每季度或年末，通报积分排序，每户还可根据积分兑换适量物品，或者享受特定优待。

有的设立红黑榜，对于获得五好家庭、文明示范户等荣誉的家庭列入红榜，对于道德失范、乱搭乱建、恶意上访等农户进入黑榜。通过“红黑榜”制度，把村规民约中的“倡导性遵守”转变为“约束性措施”。

作用

积分制把纷繁复杂的村级事务标准化、具象化，让乡村治理工作可量化、有抓手。将“村里事”变成“家家事”，由“任务命令”转为“激励引导”。小积分，解决大问题。

图 5-2-1　在乡村治理中运用“积分制”一张图

在乡村治理中运用“清单制”一张图

基本逻辑

针对基层小微权力“任性”，管理服务事项不清、责任不明、监督无章可循等问题，将清单制运用到乡村治理中。通过梳理清单、制定操作流程、明确办理要求、建立监督评价机制等措施，形成制度化、规范化的乡村治理方式。

类型

1. 村级组织自治清单
2. 村级组织协助政府工作清单
3. 村级小微权力清单
4. 其他特色清单（如出具证明清单、公开事项清单等）

运用流程 以小微权利清单为例

1 依法梳理清单。对村级小微权力事项进行全面梳理，按照精准、清晰、简明的原则列出清单。

2 编制运行流程。明确每项清单的权力主体、权力内容、操作流程、决策方式，责任追究等细节，让群众按图办事、干部按图履责。

3 加强监督检查。公开清单和运行流程，充分发挥上级党委政府、村务监督委员会、群众和社会各方面的监督作用，并配套违规处理办法。

作用

1. 防范小微权力腐败，方便群众办事，维护农民权益。
2. 明确了自治事项和协助政府工作事项，分清了职责和边界，防止上级随意摊派工作任务，减轻了村级组织负担。
3. 规范了村级管理服务事项运转流程。
4. 密切了基层党群干群关系。

图 5-2-2 在乡村治理中运用“清单制”一张图

农村高价彩礼、大操大办等不良风气整治一张图

背景　农村高价彩礼、大操大办等风气盛行，成为群众不堪重负的经济和精神负担。人人厌恶，人人又难以摆脱。对此，一些地方在党委政府领导下，通过村民自治制定标准，采取约束性措施，同时加强宣传引导和监督检查，取得良好成效。

主要做法　以河北省邯郸市肥乡区为例

1　在适当范围开展专项整治。从各地实践看，以县（市、区）为单位开展为宜，范围太小难以形成氛围，范围太大情况差异明显，政策效应层层减弱。①党委、政府将其作为一个专项整治工作进行谋划和部署。②出台红白事节俭操办的指导标准。③出台相应的优惠政策和制约措施。

2　以村民自治的方式推进，由村委会或者村民红白理事会，组织村民参照县（市、区）的指导标准，结合实际制定本村标准，包括：待客范围、礼金数量、席面规模、办理天数、仪式程序等具体标准，制定相应约束性措施。

3　发挥党员干部带头作用。党员干部带头公开承诺并严格执行，将操办婚丧事宜列入干部廉洁档案，组织相关部门开展常态化巡查，运用党纪党规对违规行为问责。

4　加强宣传教育和公益服务。开展“零彩礼”典型、“移风易俗好家庭”等选评活动，举办集体婚礼，搭建免费婚介平台，组织义务红娘队等。在全域范围形成高压态势和强大的舆论氛围。

成效　经过一年多的治理，村民红白事操办支出大幅下降，平均办理红事支出为 2 万 ~3 万元，降幅高达 76%~84%，白事支出不到 5000 元，不及之前的六分之一。盲目攀比、大操大办和高价彩礼现象得到有效遏制。

图 5-2-3　农村高价彩礼、大操大办等不良风气整治一张图

图 5-2-2 中列举了农村小微权力管控的三个关键环节。一是要依法梳理清单，对村级权力事项依法进行系统梳理罗列；二是要编制运行流程，对每一个权力事项的权力主体、权力内容、操作流程、决策方式乃至责任追究等细节进行明确；三是加强监督检查，充分发挥上级党委政府、村务监督委员会、农民群众、社会各界的监督作用，并配套相关的违规处理办法，让权力在监督下运行。

以浙江省宁海县为例，有关部门列出了 36 个事项，编制了 45 张运行流程规则，用图形化、可视化的方式，将相对模糊笼统的治理理念和要求转化成目标清晰明确、运行有章可循、监督评价科学合理的工作规则，好理解、易学习、便推广。

相关人员认为，权力清单制度让群众按流程办事，干部按规则履职，把权力关进了制度的笼子，解决了村级权力运行不规范、小微权力腐败问题，方便了群众办事，密切了干群关系，维护了农民权益。

当前，我国乡村的社会结构、经济结构和农民思想观念仍处于深刻变化之中，乡村治理面临不少新形势、新挑战，农业农村部将深入研究乡村治理的规律，进一步探索符合国情农情和时代特点的乡村治理方法，推动治理重心下沉，充分调动了基层和农民群众的积极性、主动性、创造性，不断总结和推荐更多好经验、好模式，以此示范、引领全国乡村治理能力和水平的持续提高。

三、完善乡村治理的路径总结

要推进乡村治理现代化，需要从加强党对乡村基层的领导、提升乡村治理能力、完善具有中国特色的乡村治理模式、创新治理机制四个方面着手，通过推动组织振兴实现有效治理。

（一）加强党建工作的领导

1. 加强党对乡村治理的全面领导

（1）加强党的政治和组织引领

第一，政治引领。将坚持正确的方向贯彻乡村治理全过程，确保乡村治理坚定地走中国特色社会主义乡村善治之路。道路问题是乡村治理的根本问题。道路正确，乡村治理则纲举目张；道路偏离，乡村治理则难收成效甚至酿成大错。新时代，乡村治理要走的道路就是中国特色社会主义乡村善治之路，即建立健全党委领导、政府负责、社会协同、公众参与、法治保障、科技支撑的现代乡村社会治理体制，以自治增活力、以法治强保障、以德治扬正气，健全党组织领导的自治、法治、德治相结合的乡村治理体系，构建共治、共建、共享的社会治理格局。历史和实践已经证明，中国特色社会主义乡村善治之路是推进乡村治理体系和治理能力现代化的必由之路。然而，作为乡村治理的主体，村民自身的文化素养较低和人际关系疏离也弱化了村民淳朴的乡土情怀，松散的农村社会结构更是淡化了村民的组织观念，加之多元化的价值观动摇了村民的信任和合作意识，城乡分割体制也在消解村民的主观能动性。所以，需要领导村民自发地走上中国特色社会主义乡村善治之路。农村基层党组织就是带领村民走上中国特色社会主义乡村善治之路的领路人。

第二，组织引领。要强化政治引领，就需要确保农村基层党组织在乡村治理中始终总揽全局、协调各方。一方面，农村基层党组织要旗帜鲜明讲政治，增强政治功能。任何政党都有政治属性，都有自己的政治使命、政治目标、政治追求。农村基层党组织作为党在农村的政治领导核心，担负着实现党的政治使命、政治目标和政治追求的使命，是贯彻落实党中央决策部署的“最后一公里”。农村基层党组织必须时刻坚守自身的政治定位，增强“四个意识”，坚定“四个自信”，做到“两个维护”，拥护“两个维护”。上级党委要持续整顿软弱涣散的农村基层党组织，切实改变农村基层党组织弱化、虚化、边缘化的问题。另一方面，农村基层党组织必须责无旁贷地肩负起新时代赋予的领导乡村治理的使命，并使之具体化。我们知道，党对乡村治理的集中统一领导一定不是抽象的，而是具体的，也必定要体现在党对农村经济发展、村民自治完善、乡风文明建设、平安乡村建设和美丽乡村建设等方方面面的领导上。因此，农村基层党组织应在压实乡村治理主体责任的基础上，将从实际出发讨论和决定乡村治理中的重大问题当作自己的重大使命和职责，努力把党集中统一领导的政治优势转化为推动乡村治理体系和治理能力现代化的行动优势。总之，无论农村社会结构如何变化，无论各类经济社会组织如何发育成长，农村基层党组织的领导地位不能动摇、战斗堡垒作用不能削弱，这是确保我国乡村治理始终沿着中国特色社会主义乡村善治之路前进的根本保障。

（2）加强基层党组织的组织力

基层党组织的组织力，主要是指基层党组织为实现工作目标而组织凝聚动员影响基层社会各方面力量的能力。在乡村治理中，提升农村基层党组织的组织力，目的就在于激活和凝聚多元主体力量，促进乡村治理自治化。众所周知，乡村治理是一个系统工程，涉及方方面面，但如果不能最大限度地激发乡村治理主体的活力，构建一种新的乡村社会发展秩序，那么乡村善治无异于空谈。“天下大事，人的因素第一。”只有将乡村治理主体置于乡村治理的逻辑中，才能激发其内在活力。实践证明，乡村治理，贵在自治。“自治”作为乡村治理体系的核心，对调动乡村共同体中每一个成员的积极性和主动性、发扬基层人民民主、增强乡村活力、促进农村现代化发挥着至关重要的作用。治理意味着一系列来自政府但又不限于政府的社会公共机构和行为者。乡村自治亦是如此，深化乡村自治的实践必须激活和凝聚乡村治理的多元主体力量。乡村治理的主体力量既包括生于斯、长于斯的本土参与力量，如农民、教师、村医、城市返乡的务工经商人员、高校毕业生、退役军人等，也包括本土之外参与到乡村治理中的党政干部、企业家、技术人员、知识分子等。值得注意的是，不同主体之间由于利益与观念的差异，必然会产生一定程度的矛盾，从而削弱乡村治理的合力。因此，我们既要激活乡村治理的多元主体力量，打造一批乡土人才，还要协调各方力量，最大限度地减少利益冲突和观念差异导致的合力的耗损，努力形成共建、共治、共享的合力。中国共产党历来具有组织群众的优良传统和强大的群众组织力，新时代激活和凝聚乡村治理的多元主体力量离不开党，尤其离不开农村基层党组织的强大组织力。

坚强的党组织领导，在乡村治理中发挥党的战斗堡垒作用是中国乡村治理的制度优势，也是提升乡村治理能力的关键。

作为执政党，党在人民群众中的威信和地位首先取决于党员的表现。党员生活在人民群众之中，时刻处于人民群众的关注之下，他们的一言一行对群众都会产生影响，因此，党员的日常行为决定了党在群众中的影响力。中国共产党党员的数量已经超过 9 000 万，其中农牧渔民党员超过 2 500 万，约占党员总数的 27 %。在日常的社会治理和紧急突发事件应对中，农村党员成为乡村治理的中坚力量。

基层党组织，特别是党组织的带头人，对于实现有效的基层治理发挥着关键作用。2019 年，中共中央重新修订了《中国共产党农村基层组织工作条例》，赋予了基层党组织更重要的责任，农村基层党组织是党在农村全部工作的基础，全面领导乡镇、村的各种组织和各项工作。村级党组织是村级治理的核心，要全面统筹本村经济建设、政治建设、文化建设、社会建设、生态文明建设和党的建设。在这种背景下，选好、用好乡村党组织的主要领导，提升乡村党组织领导班子成员的责任心和能力，提升党员的思想政治觉悟是加强党组织建设的关键，是党领导乡村振兴的保障。

基层党组织是核心，需要把村民自治组织、村级经济组织整合为一个整体，从而提升为民办事的能力。村级党组织担负着组织农民的任务，要把群众组织起来，发挥农村集体的力量，加快农业农村发展；村级党组织需要团结乡村的各种组织和力量，更好地为村民服务。随着党和国家对“三农”工作的重视，各级政府和社会各界在农村的投入不断增加，这些投入在改善农村居民生活、满足群众需要方面发挥了重要作用，但是也存在多头投入和利用率低的问题，不同部门的投入不能相互配合，如图书室建设与农业科技教育脱节，文体设施过于模仿城市而被闲置。要解决这些问题，就需要通过党组织的统筹，在村级层面综合利用各个部门的投入，建立以满足群众需求为导向的综合服务机制。

2. 党建引领乡村治理的实现路径

（1）将社会主义核心价值观融入乡村治理实践中，推动乡风文明建设，促进乡村治理德治化

思想是行为的先导，价值是行为的标准。价值观对人们的自身行为具有定向和调节的作用，决定个体的自我认知、目标的确立和方向的选择，进而影响着整体风气的形成。在乡村治理中，将培育和实践社会主义核心价值观融入乡村治理

的实践，切实发挥价值引领作用，推动乡风文明建设，促进乡村治理德治化是乡村实现善治的不二选择。正是在这个意义上，“德治”作为乡村治理体系的灵魂，对引导、规范、激励村民的行为发挥着潜移默化的柔性规约作用。

价值引领是党建引领乡村治理的精神力量，农村基层党组织的这种精神力量的集聚与释放来自每一个个体，应大力加强农村党员队伍的思想道德教育和优良作风培育。

第一，加强农村党员队伍的思想道德教育，提升农村党员队伍的思想道德修养，重塑党员队伍率先垂范的良好形象。思想道德滑坡是最危险的滑坡，思想道德提升是最宝贵的提升。农村基层党组织应当以党内集中教育为契机，组织党员认真学习党的法规指导思想和党的基本理论、基本路线和基本方略，学习党内法规、国家法律法规、市场经济和科学文化等知识，学习必备的“三农”政策和知识，推动党员努力践行社会公德、职业道德和家庭美德，不断提升党员的个人品德、党性修养、思想境界和道德水平。

第二，加强农村党员队伍的优良作风培育，发挥党员队伍的示范引领作用。党的作风关系着人心向背。农村基层党组织要坚持实事求是，不准虚假浮夸；坚持依法办事，不准违法乱纪；坚持艰苦奋斗，不准奢侈浪费；坚持说服教育，不准强迫命令；坚持廉洁奉公，不准以权谋私；坚决反对形式主义、官僚主义、享乐主义和奢靡之风。我国有广袤的农村和广大的农民，农村的小微权力腐败对党与人民群众的血肉联系、对党的执政根基有致命的危害。因此，要驰而不息地查处农村的“微腐败”，把农民群众关心的突出问题作为纪检监察工作的重点，继续紧盯惠农项目资金、集体资产管理、土地征收等领域的突出问题，持之以恒正风肃纪。从长远来看，农村党员队伍思想道德素质的提升和优良作风的重振，必然引起乡风文明的整体提升，进而提高乡村德治水平。

（2）通过法治乡村建设，提升农村基层党组织依法领导乡村治理的水平，促进乡村治理法治化

法治是现代社会的一个基本框架，无论是国家还是公民个人的活动都必须在法治的框架中运行，乡村治理也不例外。法治作为乡村治理体系的前提和保障，对村民的行为具有鲜明的导向和规范作用，是乡村治理体系和治理能力现代化的重要表征。建设法治乡村是党和国家在深化对社会主义法治建设规律探索认识的基础上作出的重大战略抉择。建设法治乡村就是坚持依法治理的理念，使乡村一切活动在制度的框架内和法律法规的范围内运行，树立法律在乡村活动中的权威地位。建设法治乡村包括以下两个维度：

第一，从法律法规和制度供给层面来讲，国家要完善农业农村法律体系，农村要加强以国家法律法规为依据的村规民约建设，实现村规民约在行政村的全覆盖。

第二，从法律法规和制度的效能转换层面来讲，乡村共同体中的每个成员应提升法治素养，增强遵法、学法、守法、用法意识。建设法治乡村与党的领导及农村基层党组织依法领导乡村治理的水平密切相关。这是因为，在我国，党的领导始终是社会主义法治的根本要求和根本保证，党既领导人民制定宪法法律，也领导人民执行宪法法律，党自身必须在宪法法律范围内活动，做到党领导立法、保证执法、带头守法。农村基层党组织依法领导乡村治理的能力越强，法治乡村建设的步伐越快、质量越高。

不断提升农村基层党组织依法领导乡村治理的水平十分必要。在我国，依规治党与依法治国是有机统一的，依规治党是全面从严治党的必然要求，是党的领导与党的建设、党内法规与国家法律法规、政党治理与国家治理等若干重大主题的交汇点。从这个意义上讲，提升农村基层党组织依法领导乡村治理的水平必须坚持依规治党和依法治村的有机结合。一方面，农村基层党组织要坚持依规治党，提升依规治党水平。农村基层党组织依规治党是农村基层党组织依法领导乡村治理的重要保障。党的十八大以来，党内已经形成较完备的党内法规制度体系，然而执行党内法规制度“上热，中温，下冷”“上紧，下松”的现象仍然存在，党内法规制度的执行力仍然有待提高。农村基层党组织要高度重视对党内法规制度知识的学习，推动党内法规制度“入脑”；切实增强党员对党内法规制度意义的理性认同，推动党内法规制度“入心”；严格执行不遵守党内法规制度的惩戒措施，推动党内法规制度“入行”。另一方面，农村基层党组织要通过法律培训和设置法律顾问等多种形式提升农村党员队伍素养，特别是农村领导干部的法治素养。农村领导干部是法治乡村建设的“第一方阵”，也是衡量法治乡村建设的重要风向标。为此，农村领导干部要增强法治观念和法治思维，提高运用法治推动村民自治组织规范化、制度化的能力，完善小微权力清单制度和“四议两公开”制度，推动基层协商民主健康发展，提高就地化解矛盾纠纷的能力。农村普通党员要当好“法治带头人”和“法治示范户”，努力遵法、学法、守法、用法，形成示范效应。提升农村基层党组织依法领导乡村治理的实践必然能够引导村民树立宪法法律至上、法律面前人人平等的理念，营造“办事依法、遇事找法、解决问题靠法”的法治环境，推动法治乡村建设，提升乡村法治水平，促进乡村治理法治化。

（二）提升乡村治理能力

加强农村基层治理的关键在于提升基层组织的治理能力。要提升村级组织的治理能力，需要健全制度、引进人才和增加可支配的资源。

20世纪80年代开始实施村民自治，村庄的干部大多不是专职干部，他们的身份是农民，他们的工作报酬是误工补贴。虽然进入21世纪以来，村庄干部的补贴来自政府财政收入，但是一般也比较低。村庄干部主要利用家庭经营之外的时间处理村庄的公共事务。这种格局越来越不能满足群众的需要，特别是在实施乡村振兴战略以后，村庄的公共事务大量增加，村庄主要干部利用业余时间已经无法完成如此繁重的任务，村干部的专职化就成为一种必然。许多地方开始要求村干部有正式办公场所和固定的工作时间，按照行政干部的要求统一进行管理。在村干部专职化过程中，乡镇政府已经把村干部作为准公务员来对待，从收入和制度安排两个方面提升了村干部的职业化水平。村干部的职业化使村干部可以投入全部精力用于村庄公共事务的治理，也便于对村干部进行管理和监督，并为村干部的选拔提供了更多的可能。许多有文化、愿意为村民服务的青年人成为村干部的后备人选，一些地方通过公开招聘，从村庄之外更大的范围内选拔能力强的人充实村干部队伍。

发展多样性的农民组织十分必要。政府在乡村治理中要重视农民组织的力量，积极推动农民合作组织的发展。通过合作社的机制将农民组织起来，不仅具有重要的经济意义，还对乡村治理具有借鉴意义。合作社能够成为乡村治理的有效载体，村民通过合作社的组织参与村庄公共事务。除了合作社，各地还发展出多种多样的农民组织，包括政府主导的参政议政组织，如村民理事会、村民议事会等；也有特殊人群的组织，如老年人协会、妇女小组。培育乡村的多种组织形式可以发挥群众的监督作用，形成良好的社会风气，使道德的力量在乡村治理中切实发挥作用。多样性的组织不仅能够满足村民需求，为村民提供服务，还能够成为乡村治理的重要力量。

国家要发展村集体经济，让村级组织拥有治理资源。发展村集体经济可以增加村庄的集体收入，解决村级组织没钱干事的困难。乡村有众多公共事务是当前财政还没有完全覆盖的，村级组织如果没有可支配的收入，就无法应对众多的公共事务。近年来，各地党委和政府充分意识到村庄集体经济的重要性，从不同渠道为发展村集体经济提供资金支持。一些地区还把农村集体收入作为村级组织考核的重要指标。发展村集体经济不仅让村级组织有钱办事，而且提高了村级组织的威信。发展村集体经济虽然能够提高乡村的治理能力，但是也依赖乡村治理能力的提高。因为发展村集体经济会面临经济风险，这需要村级组织有较强的经营能力。一些村庄为了规避风险，担心经营不善，更希望将集体的资产出租或入股比较稳定的企业，以便获得稳定的回报。在政府的支持下，乡村集体持有的优秀资产有助于乡村集体形成稳定收入。

（三）实现共治共享

不同于以往的乡村发展，乡村振兴是多方参与的过程，需要建立以农民为主体、多方参与的乡村治理机制。在乡村振兴的过程中，农民、政府和市场是三个最主要的推动力量，农民是主体，要充分尊重农民的主体性，让农民具有参与权、决策权和受益权。乡村振兴离不开政府的投入，也离不开市场主体和社会组织的进入，在实施乡村振兴中要保障各方利益，就要形成民主协商的机制，通过民主协商真正实现民主参与、民主决策。

（四）推动乡村治理创新

在新形势下，实现治理有效需要不断推进乡村治理创新，赋予基层组织更多的权力和责任，探索不同地区实现治理有效的途径；强化村民的参与和监督，充分保证村民的自治权利；充分利用新的技术手段，服务乡村治理的目标。

1. 要促进具有村庄特色的多样性乡村治理创新

中国的乡村呈现出多样性，有的村庄完全由来自不同地区的村民组织起来，有的村庄仍然部分保留了原有的格局和亲属关系；有的村庄只剩下老年人和儿童，也有的村庄吸引了外来人口进入；有的村庄远离城市，仍然保留着传统的农业，也有的村庄已经受到城市辐射，成为城镇的组成部分。因此，乡村治理也需要根据村庄的特点建立不同的机制，切忌“一刀切”，要形成乡村治理的多样化格局。

2. 要形成多样性的乡村治理格局

一是要赋权基层，让基层政府和基层组织形成与责任相适应的权力，在行政权力下沉基层的过程中，也推动决策权的下沉；二是开放更多的空间给地方进行创新实验，鼓励基层探索新的乡村治理道路。从农村改革到乡村振兴，基层政府和基层组织被赋予了创新的职能，有效的措施、机制和政策往往来自基层的实践，乡村振兴和乡村治理现代化是过去从来没有过的巨大社会变革，这就更需要基层社会的创新。

乡村治理现代化是乡村振兴的重要任务，不仅要在技术手段上实现现代化，更要在治理目标和治理机制上实现现代化，从而推动农业农村的全面现代化。此外，在乡村治理的过程中，要想促使治理效率得到提高，相关人员还要注意运用一定的现代化手段，如充分利用互联网这一重要手段，助力乡村治理取得良好成效。

总之，在国家治理现代化的过程中，乡村治理的现代化具有重要意义，因为乡村治理现代化是国家治理现代化的基础。司马迁在《史记》中说："县集而郡，郡集而天下。郡县治，天下无不治。"国家治理的重点在基层，难点也在基层，有了乡村的善治才会有县市的善治，进而才能推动国家的治理现代化。乡村的有效治理是乡村振兴的重要内容，实现治理现代化的乡村才是全面乡村振兴的乡村；同时，治理有效也是乡村振兴的保障，有效的治理为乡村的产业发展、环境保护、乡风文明和共同富裕的生活提供了坚强的保障。

《中共中央关于坚持和完善中国特色社会主义制度 推进国家治理体系和治理能力现代化若干重大问题的决定》中明确提出："构建基层社会治理新格局。完善群众参与基层社会治理的制度化渠道。健全党组织领导的自治、法治、德治相结合的城乡基层治理体系，健全社区管理和服务机制，推行网格化管理和服务，发挥群团组织、社会组织作用，发挥行业协会商会自律功能，实现政府治理和社会调节、居民自治良性互动，夯实基层社会治理基础。"

第一，乡村治理要开创新格局，要实现治理目标的转变，乡村治理的核心要从对人的管理转变为如何为村民提供更好的公共服务，要以提高人民群众的获得感和满意度为重要目标。

第二，乡村治理的机制要开创新格局，要强化基层党的领导，推动村民参与乡村治理，实现政府与基层群众的良性互动。

第三，乡村治理手段要多元化，特别是综合发挥村民自治、国家法治和乡村德治的作用。有效的基层治理有赖于乡村组织振兴。组织振兴要振兴乡村基层党组织，充分发挥基层党组织的领导作用和乡村党员的模范带头作用；同时，要发展多种形式的农民自治组织，通过村民的自治组织强化乡村的自我管理和自我服务功能；发展农民的经济组织，克服小农户生产的脆弱性，推动乡村产业发展，实现小农户与现代农业的有机结合。

参考文献

[1] 陈锋．分利秩序与基层治理内卷化——资源输入背景下的乡村治理逻辑 [J]．社会，2015，35（3）：95–120．

[2] 陈寒非，高其才．乡规民约在乡村治理中的积极作用实证研究 [J]．清华法学，2018，12（1）：62–88．

[3] 蔡文成．基层党组织与乡村治理现代化：基于乡村振兴战略的分析 [J]．理论与改革，2018（3）：62–71．

[4] 董磊明，郭俊霞．乡土社会中的面子观与乡村治理 [J]．中国社会科学，2017（8）：147–160．

[5] 冯宏良，董四代．乡村基层政府的系统治理分析 [J]．攀登，2005（1）：76–78．

[6] 郭苏建，王鹏翔．中国乡村治理精英与乡村振兴 [J]．南开学报（哲学社会科学版），2019（4）：62–75．

[7] 黄文君．乡村振兴战略下村党组织领导乡村治理机制研究 [D]．广州：华南理工大学，2018．

[8] 龙凤明．德孝文化融入乡村治理及其路径研究 [D]．长沙：湖南师范大学，2016．

[9] 梁靖松．新农村建设中的乡村治理模式研究 [J]．改革与开放，2011（18）：138–139．

[10] 郎友兴．走向总体性治理：村政的现状与乡村治理的走向 [J]．华中师范大学学报（人文社会科学版），2015，54（2）：11–19．

[11] 林永新．乡村治理视角下半城镇化地区的农村工业化——基于珠三角、苏南、温州的比较研究 [J]．城市规划学刊，2015（3）：101–110．

[12] 吕德文．乡村治理 70 年：国家治理现代化的视角 [J]．南京农业大学学报（社会科学版），2019，19（4）：11–19；156．

[13] 吕德文．乡村治理空间再造及其有效性——基于 W 镇乡村治理实践的分析 [J]．中国农村观察，2018（5）：96–110．
[14] 刘守英，熊雪锋．中国乡村治理的制度与秩序演变——一个国家治理视角的回顾与评论 [J]．农业经济问题，2018（9）：10–23．
[15] 刘金海．乡村治理模式的发展与创新 [J]．中国农村观察，2016（6）：67–74；97．
[16] 李利宏，杨素珍．乡村治理现代化视阈中传统治理资源重构研究 [J]．中国行政管理，2016（8）：81–85．
[17] 李祖佩．项目进村与乡村治理重构——一项基于村庄本位的考察 [J]．中国农村观察，2013（4）：2–13；94．
[18] 申明锐．乡村项目与规划驱动下的乡村治理——基于南京江宁的实证 [J]．城市规划，2015，39（10）：83–90．
[19] 沈费伟，刘祖云．发达国家乡村治理的典型模式与经验借鉴 [J]．农业经济问题，2016，37（9）：93–102；112．
[20] 孙世嘉．参与式发展的乡村治理新模式 [D]．北京：北京邮电大学，2019．
[21] 王守智．信息不对称与乡村治理 [D]．武汉：华中师范大学，2008．
[22] 王晓毅．完善乡村治理结构，实现乡村振兴战略 [J]．中国农业大学学报（社会科学版），2018，35（3）：82–88．
[23] 王文龙．新乡贤与乡村治理：地区差异、治理模式选择与目标耦合 [J]．农业经济问题，2018（10）：78–84．
[24] 王向阳．新双轨治理：中国乡村治理的旧制度与新常态——基于四地乡村治理实践的考察 [J]．甘肃行政学院学报，2017（2）：67–79；125–126．
[25] 许立珍，徐淑敏．"社会主义新农村"建设中应重视乡村社区体育的发展与治理 [J]．改革与开放，2009（12）：140；144．
[26] 原超．新"经纪机制"：中国乡村治理结构的新变化——基于泉州市 A 村乡贤理事会的运作实践 [J]．公共管理学报，2019，16（2）：57–66；171．
[27] 张春照．重塑乡政村治：新时代我国乡村治理现代化研究 [D]．长春：吉林大学，2019．
[28] 赵晓峰，马锐．乡村治理的理论创新及其实践探索——"落实乡村振兴战略，推进乡村治理体制机制创新"研讨会综述 [J]．中国农村经济，2019（2）：131–136．

[29] 张新文，张国磊．社会主要矛盾转化、乡村治理转型与乡村振兴 [J]．西北农林科技大学学报（社会科学版），2018，18（3）：63–71．
[30] 张良．“资本下乡”背景下的乡村治理公共性建构 [J]．中国农村观察，2016（3）：16–26；94．